KB128418

LEGENDARY

듄Ⅱ・메이킹 필름북

DUNE

PART TWO

타냐 라푸앵트
스테퍼니 브루스

서문
드니 빌뇌브

들어가는 말
브라이언 허버트, 케빈 J. 앤더슨

※영화 <듄> 1부와 2부는 프랭크 허버트의 소설에 기반을 둠.

CONTENTS

서 문

드니 빌뇌브

<듄: 2부> 작업이 곧 끝난다. 지금은 2023년 8월이고, 나는 우리 사운드팀인 리처드 킹, 론 바틀릿, 더그 헴필과 함께 최종 믹스본을 들으며 이렇게 몇 자 적고 있다. 이렇게 훌륭한 예술가 팀과 함께 일하는 영광을 누렸다는 사실이 아직도 경이롭다.

프랭크 허버트의 걸작을 화면으로 옮기는 것은 우리에게 엄청나게 영광스러운 일이다.

이번에 새로 제작한 이 영화 덕분에 우리는 프레멘과 하코넨의 문화 속으로 더욱 깊이 들어갈 수 있었다. <1부>에서는 아주 잠깐만 언뜻 엿보았던 문화들이다.

아라키스의 생태계, 프레멘의 전통과 생존 테크닉, 정치체제, 종교의 힘에 대한 프랭크 허버트의 묘사는 절대적으로 독특하며 심오한 영감을 준다. <1부>를 제작할 때 허버트의 소설은 우리가 품은 의문에 대부분 답을 제공해 주는 성경과 같았다.

소설 <듄>은 미래에서 온 역사서처럼 읽힌다. 영화를 제작하는 우리들을 미래학자라기보다 고고학자에 더 가까운 존재로 만들어 준 책이다. 우리는 먼 미래에서 온 옛 유물들을 찾아다녔다. 어렸을 때 이 소설을 읽으며 의식 속에 떠올린 이미지들의 뿌리를 찾아 우리 자신의 기억 속으로 깊이 파고들어갔다. 프로덕션 디자이너 파트리스 베르메트는 팀원들과 함께 나의 꿈을 기가 막힐 만큼 정확히 구현해 주었다. 그렇게 환상적인 작업을 해준 그들 모두에게 감사한다. 그들은 분명히 특별한 것을 창조해 냈다. 타냐 라푸앵트와 스테퍼니 브루스가 <듄: 2부>를 제작한 우리의 여정을 아름답게 기록한 이 책에서 그들의 성취를 환히 밝혀주어서 기쁘다.

들어가는 말

말과 그림: 프랭크 허버트가 꿈꾼 듄의 세계

브라이언 허버트, 케빈 J. 앤더슨

위대한 소설이 어떻게 영화로 변환되는가? 이 매혹적인 과정을 여는 것은 종이에 적힌 말(言)이다…….

프랭크 허버트는 타자기 자판만으로 환상적인 '듄'의 세계를 지었다. 시리즈의 첫 작품이자 그의 대표작인 소설에 묘사된 아라키스는 강력한 제국의 핵심에 위치한 이국적인 행성이다. 이 사막행성에서만 발견되는 몹시 귀한 상품인·스파이스 멜란지 때문에 대가문들은 이 행성을 손에 넣으려고 경쟁을 벌인다. 프랭크 허버트가 《듄》에서 인간의 모든 감각을 이끌어 낸 덕분에 독자들은 머릿속으로 자기만의 영화를 만들 수 있었다. 생생한 이미지들이 책 속 인물들이 경험하는 풍요로운 색감, 냄새, 질감, 맛을 진짜처럼 살려냈다.

재능 있는 작가 프랭크 허버트는 엄청난 규모의 특수효과 예산을 손끝으로 부릴 수 있었다. 영어라는 언어 전체를 도구로 사용했을 뿐만 아니라, 아라키스에 사는 강인한 프레멘들의 비밀스러운 언어 차콥사어를 아예 만들어 내기도 했다.

컴퓨터가 없던 시절에 프랭크 허버트는 한 장, 한 장 일일이 타자로 원고를 쳐서 그때까지 발표된 그 어떤 사이언스픽션보다도 훨씬 더 광범위하고 다채롭게 묘사된 작품을 만들어 냈다. 그가 놀라울 정도로 세심하게 묘사한 행성 중에는 아트레이데스 가문의 고향이자 물과 수목이 풍부한 곳인 칼라단, 콘크리트와 산업의 냄새가 나는 지에디 프라임(하코넨 가문의 본거지)이 포함되어 있지만 무엇보다 오래도록 뇌리에 살아남은 것은 아라키스, 즉 프레멘 주민들이 '듄'이라고 부르는 행성이다. 이 가혹한 행성의 사막을 묘사하는 프랭크 허버트의 솜씨가 워낙 능숙하고 시(詩)적이어서 독자들 중에는 실제로 갈증을 느꼈다는 사람도 있다.

이 소설은 1963년 잡지 〈아날로그〉에 처음 발표되었고, 1965년에 하드커버로 출간되었다. 그 뒤로 수십 년 동안 사이언스픽션 팬들은 외계행성의 문화와 그곳에 사는 사람들이 겪는 어려움, 감정 등을 능숙하게 살려낸 산문과 대화에 흠뻑 빠졌다. 허버트가 종이에 묘사한 것을 독자들이 시각적으로 상상해 보는 데 도움이 된 것은 존 쇤허가 그린 아름다운 잡지 삽화와 책 표지였다.

1984년에 데이비드 린치가 《듄》을 처음으로 영상으로 옮겼다. 모래벌레, 프레멘, 하코넨 남작, 황제 샤담 코리노 4세, 영웅적인 아트레이데스 가문에 대한 그의 해석이 영상에 담겼다. 그러나 고작해야 두 시간이 조금 넘는 영화에 그가 담을 수 있는 내용에는 한계가 있었다. 2000년과 2003년에는 SYFY 채널이 도합 열두 시간 분량의 미니시리즈 두 편(<프랭크 허버트의 듄>과 <프랭크 허버트의 듄의 아이들>)을 방영했다. 작품의 길이가 긴 만큼 시각적 접근법도 달라졌으나, 텔레비전 드라마의 예산이라는 제약이 있었다. 이 시리즈 제작에 참여한 감독들은 저마다 듄의 세계에서 자신이 보고 경험한 것의 이미지를 마음에 품고 있었다.

프랭크 허버트의 원작은 무한히 다양한 방식으로 해석될 수 있었다. 레전더리 엔터테인먼트와 드니 빌뇌브 감독 팀도 이번에 새로운 프로젝트를 시작하면서 전 세계의 젊은 관객들에게 자신이 생각하는 《듄》의 이미지를 표현할 수 있는 자기만의 캔버스를 갖게 되었다. 이 고전적인 소설을 새로이 영상으로 옮긴 영화(각각 소설의 절반씩을 담은 영화 두 편)를 통해 감독은 자신이 아주 어렸을 때 처음 이 소설을 읽으면서 어떤 이미지를 보았는지 온 세상 사람에게 보여주고자 했다.

사이언스픽션 작가인 우리(브라이언 허버트와 케빈 J. 앤더슨)는 80만 단어에 이르는 프랭크 허버트의 듄 연대기 여섯 편에서 모두 영감을 얻었다. 우리는 이 작품들을 아주 세세히 연구한 뒤 이 시리즈의 장편소설 열여덟 편을 추가로 집필했고, 단편집도 두 권 내놓았다. 듄 세계의 매혹적인 일면들을 파고들어 이야기를 확장한 이 작품들에서 우리는 수백만, 수천만 단어로 아라키스뿐만 아니라 칼라단, 지에디 프라임, 제국 수도 카이테인, 무시무시한 감옥행성 살루사 세쿤더스, 혐오의 대상인 유전자 기술자 틀레이락스인의 고향인 틀레이락스를, 심지어 프랭크 허버트가 살짝 언급만 하고 지나가 버린 수많은 행성까지도 다뤘다.

이 이국적인 행성들의 이미지를 창조해서 독자가 계속 따라오게 만드는 일은 작가인 우리 몫이다. 우리 둘 다 프랭크 허버트의 소설을 읽고 새로운 작품을 쓰기도 하면서 오랫동안 듄의 세계에 살았는데도, 레전더리 영화사가 나서서 이 사랑받는 고전을 바탕으로 신선하고 야심 찬 프로젝트를 추진하고 드니 빌뇌브가 그 프로젝트의 조종간을 쥐는 것을 보았을 때는 마음이 들떴다. 빌뇌브의 이전 작품, 특히 〈컨택트〉와 〈블레이드 러너 2049〉에서 우리는 그에게 이미 감탄한 적이 있지만, 〈듄〉은 그보다 훨씬 더 규모가 크고 야심 찬 프로젝트였다. 그래도 솜씨 좋은 사람이 프랭크 허버트의 세계를 맡았다는 느낌이 들었다.

첫 번째 영화를 준비하는 과정에서 우리는 대본도 보고, 콘셉트 그림도 보고, 프로덕션 디자인도 봤다. 하지만 그것만으로는 지금껏 나온 사이언스픽션 중 가장 위대한 작품에서 정치, 종교, 생태학을 이야기한 프랭크 허버트의 서사적 이야기를 빌뇌브와 촬영팀이 어떻게 화면으로 옮길 생각인지 온전히 알 수 없었다.

2021년에 나온 첫 번째 영화에서 우리는 혁신적인 동시에 기괴한 스파이스 수확기계, 물이 풍부하고 야생적인 칼라단의 풍경, 산업화의 날 선 악몽 같은 지에디 프라임, 가혹한 폐허 같은 살루사 세쿤더스(프랭크 허버트는 이곳을 대략적으로만 묘사했다)에 깊은 인상을 받았다. 물론 아라키스, 즉 듄도 빼놓을 수 없다. 나지막한 건물들이 광대하게 뻗어있는 도시 아라킨의 뭉툭하면서도 우아한 건물들은 듄의 환경이 얼마나 모질고 황량한지를 잘 보여준다. 가느다란 틈이 있는 창문, 각진 벽, 진한 그림자를 보는 순간, 듄에서 아트레이데스 가문이 사는 집 또한 방종하고 풍요로운 궁전이 아니라는 사실이 생각났다. 레토 아트레이데스가 제국에서 가장

부유하고 가장 영향력 있는 행성 중 하나인 칼라단의 공작이라는 지위를 갖고 그곳에 갔는데도 그들은 그런 집에 살았다.

영화에 등장하는 의상, 아트레이데스 군대의 갑주, 베네 게세리트의 어둡고 신비로운 의상, 미꾸라지 같고 사악한 하코넨의 차림새도 인상적이었다.

2021년의 영화에서 많은 팬이 큰 관심을 보인 것 중 하나는 프랭크 허버트의 오니솝터 디자인이었다. 예전에 만들어진 영화와 텔레비전 시리즈에서는 오니솝터가 잘 표현되지 않았기 때문이다. 이 비행기들이 영화에 처음 등장하는 순간부터 우리는 그들이 듄의 세계에 정말 잘 어울린다는 것을 깨달았다. 제작진은 허버트가 처음에 묘사한 곤충 같은 모양을 바탕으로 여러 제안을 받아들여, 〈듄: 1부〉에서 잠자리의 모양과 날개를 본뜬 오니솝터를 선보였다.

그리고 〈듄: 2부〉에서는 그보다 한 걸음 더 나아갔다. 여러분이 지금 손에 들고 있는 이 책에는 2부를 위한 새로운 오니솝터 디자인에 대해 "가장 인상적인 것은, 근육질 호박벌 모양에 오니솝터 특유의 잠자리 날개가 장착된 전투기 오니 비"라고 설명한다. 프랭크 허버트가 《듄》에서 묘사한 오니솝터를 출발점으로 삼아, 두 편의 영화에서 그들을 완전히 구현해 내는 흥미로운 발전과정을 우리가 지금 목격하고 있는 셈이다.

방어막 또한 프랭크 허버트의 우주에서 핵심적인 물건이다. 저자의 구상에 따르면, 방어막은 빠르게 날아오는 물건을 튕겨내기 때문에 전쟁을 완전히 바꿔놓았다. 일대일 육박전은 물론 강력한 전함들의 공중전에

이르기까지 다양한 전투를 빌뇌브가 나름대로 해석해 놓은 화면들은 지금껏 영상을 보며 느끼지 못한 전율을 관객에게 선사한다.

드니 빌뇌브와 그의 창작팀은 <듄: 2부>에서 놀라운 시각적 이미지들로 <듄: 1부>의 비전을 확장했다. 프레멘 샌드라이더의 찬란한 모습이 화면에 온전히 등장한다. 카이테인의 제국 궁전과 지에디 프라임의 검투장 등 아주 많은 것이 화면에 담겼다.

감독은 모든 것을 화면에 담기 위해 요르단 공군의 도움을 얻어 하코넨 군인들이 공중에서 폴과 챠니에게 기관총을 쏘는 장면을 찍었다. 또 다른 장면에서는 '진짜처럼 보이는 모래벌레'를 만들어 꼭두각시처럼 조종했다. 심지어 3만 달러를 들여 4층 높이의 계단을 짓기도 했는데, 드니 빌뇌브 감독이 절벽에 있는 동굴 속에서 진행되는 촬영을 지켜볼 수 있어야 하기 때문이었다. 그 동굴은 아트레이데스 가문의 원자무기가 보관된 곳이었다.

이 모든 과정을 거치면서 우리는 프랭크 허버트의 소설을 영상으로 옮기는 작업이 얼마나 힘들고 어려운지 깨달았다. 드니 빌뇌브가 마침내 이 작업을 제대로 해냈다. 이 두 편의 영화는 《듄》을 영상으로 옮긴 대규모 프로젝트 중 세 번째 결과물이다. 삼세번이라는 말이 있듯이, 마침내 프랭크 허버트의 위대한 소설을 결정적으로 영화화한 작품이 나왔다.

사실 1984년의 영화와 2000년 및 2003년의 텔레비전 시리즈 이전으로 거슬러 올라가면, 1970년대에도 이 소설을 영화화하려는 시도가 여러 차례 있었으나 실패했다. 브라이언이 아버지의 전기인 《듄의 몽상가》에 이런 사정을 설명해 놓았다.

《듄II: 메이킹 필름북》에는 빌뇌브의 새롭고 놀라운 꿈이 담겨있다. 이 꿈이 극장의 스크린을 가득 채우면 관객은 경이를 느낄 것이다. 이 책의 본문과 사진들은 창의적인 제작진이 그 무엇과도 다른 진정한 사이언스픽션 대작에 얼마나 정성을 다했는지 보여준다. 《듄》은 전 세계에서 수백만, 수천만 명의 독자가 감탄하는 소설이다.

프랭크 허버트의 고전적인 소설을 영상으로 옮기는 작업은 결코 간단하지 않았지만, 드니 빌뇌브와 시각 예술가 팀이 그의 독창적인 아이디어를 특별히 강화해서 만들어 낸 화려한 화면을 그가 직접 본다면 기뻐할 것 같다.

브라이언 허버트와 케빈 J. 앤더슨
2023년 7월 16일

1부에서 2부로

타냐 라푸앵트

영화 〈듄〉 작업을 하면서 2편을 자연히 받아들이게 됐다고 혼잣말을 하던 기억이 난다. 프랭크 허버트의 1965년 사이언스픽션 걸작을 화면으로 옮긴 우리 영화는 이 두 번째 영화에서 결말에 도달할 것이다. 첫 번째 영화를 만들 때의 경험은 가치를 헤아릴 수 없지만, 두 번째 영화가 거의 똑같이 진행될 것이라고 생각한 건 잘못이었다. 이번 영화를 위한 드니 빌뇌브 감독의 구상은 더 넓고, 더 크고, 더 복잡해서, 우리는 지도도 없는 여정을 시작했다.

〈듄: 2부〉의 탄생은 〈듄〉과 필연적으로 복잡하게 연결되어 있었다. 2021년 가을에 개봉된 이 첫 번째 영화의 제목에는 '1부'라는 말이 없었지만, 첫 장면에는 이 말이 새겨져 있었다. 간결하고 또렷하게 뜻을 전달하기 위해, 나는 이 두 영화를 주로 〈1부〉와 〈2부〉로 지칭하겠다. 〈2부〉는 첫 번째 영화의 개봉과 직접적으로 연계되어 있었으나, 그 개봉 일정이 코로나 19 유행으로 1년이나 연기되었다. 〈1부〉의 후반작업이 끝나갈 무렵, 드니는

이미 다음 장을 위한 대본 작업을 하고 있었다. "개봉 일정 지연으로 우리는 첫 번째 영화를 제대로 완성할 수 있었고, 〈2부〉의 제작이 추진되는 경우를 대비해서 탄탄한 대본도 마련할 수 있었습니다. 그래서 그렇게 빨리 제작에 돌입하는 것이 가능해졌습니다." 드니의 말이다.

〈듄〉은 2021년 9월 3일 베니스 영화제에서 첫 선을 보였다. 그날 기자회견에서 기자들은 후속 작품이 제작될 예정이냐고 물었다. 첫 번째 영화에서 챠니의 마지막 대사가 "이건 시작일 뿐이야"였으니, 합당한 질문이었다. 그때는 두 번째 영화가 나올지 아직 확실하지 않았지만, 폴 아트레이데스를 연기한 티모테 샬라메는 "그건 꿈같은 일이 될 것"이라고 열정적으로 대답했다.

며칠 뒤 파리에서 영화 홍보 활동을 하던 챠니 역의 젠데이아는 이 영화 제작진 및 배우들과 일한 경험에 대한 감상을 이야기하면서, "우리가 다시 일할 수 있으면 좋겠어요"라고 덧붙였다. 〈2부〉는 미래의 유령처럼

이미 대화의 일부로 자리 잡고 있었다. 사실 이 영화의 출연진 중 일부는 영화 한 편이 더 만들어질 것이라는 약속을 몇 년 전에 들었다고 전부터 말하고 있었다. 첫 번째 영화의 촬영장 사진들을 뒤져보니, 리베카 퍼거슨과 하비에르 바르뎀이 요르단에서 손가락으로 V자를 그리는 평화의 사인 자세를 취하고, '둘(TWO)'이라고 말하는 입모양을 한 채 찍은 사진이 나왔다. 나중에 리베카는 이 모험의 다음 이야기를 위해 다시 돌아오고 싶다는 뜻을 드니에게 사실상 대놓고 암시하고 싶어서 하비에르와 함께 그런 사진을 찍었다고 내게 말해주었다.

2021년 말에 드니는 유럽, 캐나다, 미국에서 <듄>을 홍보했다. 그러면서도 대본 작업을 계속하고 있었다. 누구의 방해도 받지 않는 시간이 몇 시간쯤 생길 때마다 글을 썼지만, 그런 시간이 쉽게 나지 않았다.

드니 자신이 인정한 바에 따르면, 이 두 편의 영화를 만들 때 가장 어려웠던 점은 이야기의 실마리를 찾아내는 것이었다. 드니는 두 영화의 이야기 방식이 어떻게 다른지를 이렇게 설명했다. "<듄>에서 우리는 새로운 세상, 새로운 문화를 발견하는 소년의 뒤를 따라갔습니다. 그 영화에 지적인 면이 더 강했던 것은, 복잡한 가문 내 역학과 은하들 사이의 지정학이 풍부하게 가미된 서사적 이야기의 기반을 마련하는 작품이었기 때문입니다. 두 번째 영화는 액션이 더 중심에 있고, 속도도 빠릅니다. 그러나 그보다 더 중요한 것은 우리가 등장인물들과 더 많은 시간을 보내며 그들의 관계와 도덕적 딜레마를 탐구한 덕에 더 감정적이고 본능적인 영화가 되었다는 점입니다."

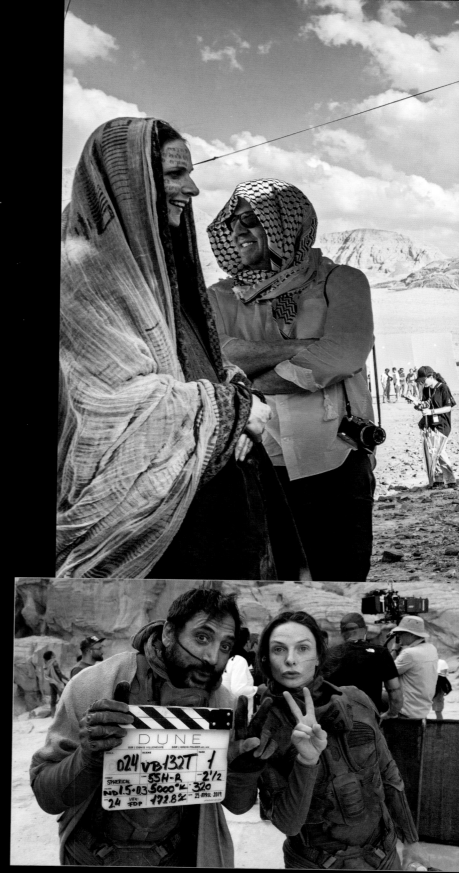

카운트다운 시작

<1부>가 미국에서 개봉되고 고작 나흘 뒤, 레전더리 엔터테인먼트는 <2부>에 공식적으로 청신호를 보냈다.

한 달 뒤인 2021년 11월 레전더리의 국제 프로덕션 담당 회장 겸 프로듀서인 메리 페어런트가 2022년 7월 18일에 본 촬영이 시작될 것이라고 발표했다. 8개월 안에 대본, 디자인, 캐스팅을 마무리하고, 대규모 야외 세트 또는 스튜디오 세트를 대부분 완성해야 한다는 뜻이었다.

2022년 초에 첫 번째 영화는 각종 영화상의 강력한 후보로 물망에 오르고 있었다. 따라서 드니는 그 뒤 3개월 동안 수상을 위한 의무적인 활동과 다음 영화 준비를 곡예처럼 병행해야 했다. 질의응답 등 수상과 관련된 활동을 하는 틈틈이 계속 대본을 썼으나 누구에게도 보여주지 않았다. 우리가 아는 것이라고는 그가 프랭크 허버트의 원작에 나오는 세 인물을 새로 캐스팅하고 싶어 한다는 것뿐이었다. 패디샤 황제, 베네 게세리트 자매인 레이디 펜링, 페이드 로타 하코넨이 그들이었다.

프로덕션 디자이너 파트리스 베르메트와 드니는 그동안 디자인을 준비하기 위한 대화를 이어가며, <2부>의 시각적 시그니처를 명확히 그려내기 시작했다. 아라키스와 프레멘 부족에게 돌아가는 여행의 시작이었다. 그 여행은 영화제작에 청신호가 켜진 순간부터 모든 작업이 종료될 때까지 2년 동안 이어졌다.

독자들이 이 책을 끝까지 읽은 뒤 영화를 한 번 더 보면서 프랭크 허버트가 그려낸 세계, 그 세계를 바라본 드니 빌뇌브 감독의 시선, 그리고 이번에도 관객을 빨아들이는 영화를 만들려고 애쓴 제작진의 헌신을 더욱 깊이 감상하고 싶어지면 좋겠다는 것이 나의 바람이다.

첫 번째 영화를 찍을 때,
리베카 퍼거슨과 하비에르 바르뎀은
이 모험의 다음 부분을 위해
다시 돌아오고 싶다는 뜻을
드니에게 사실상 대놓고 암시했다."

SETTING THE STAGE

준비

이야기

<2부>의 촬영 첫 날까지 가는 길이 마치 결승선을 향한 경주 같았다. 2022년 초 몇 달 동안은 영화제작에 시간을 거의 쏟지 못했다. 영화의 창작에 참여해야 할 인원 대부분이 2022년 3월 27일 오스카상 시상식까지 <1부> 홍보활동을 하느라 바빴기 때문이다. 이 영화는 작품상을 포함해 총 열 개 부문에서 후보에 올라 촬영, 편집, 프로덕션 디자인, 영화음악, 음향, 시각효과 등 여섯 개 부문에서 상을 받았다.

1월 초에 드니는 프랭크 허버트의 대작 후반부를 어떻게 화면에 옮길 것인지를 두고, 공동 집필자인 존 스페이츠와 계속 대본을 손질 중이었다. 두 사람이 고려한 점 하나는, 첫 번째 영화의 맥락을 관객에게 전달하는 것과 지나친 설명을 피하는 것 사이에서 섬세한 균형을 잡아야 한다는 점이었다. 두 사람은 황제의 딸인 이룰란 공주가 작품을 소개하며 <2부>의 무대를 준비하는 부분을 작품에 포함시키는 해법을 찾아냈다.

<2부>는 <1부>가 끝난 지점, 즉 폴 아트레이데스와 레이디 제시카가 프레멘의 지도자인 스틸가, 젊은 페다이킨 전사 챠니와 함께 사막을 걸어가는 장면에서부터 이어진다. 지하 마을인 타브르 시에치로 가는 길에 그들은 하코넨 병력의 기습을 받는다. 적의 수가 더 많지만, 프레멘들은 적의 허를 찔러 물리친 뒤 다시 안전한 집으로 향한다.

시에치에 도착하자마자 폴과 제시카는 프레멘 부족의 정치적 역학관계와 예언 속에서 길을 찾아야 한다. 제시카에게 주어진 선택지는 200살의 대모 라말로의 후임이 되든지, 아니면 죽는 것이다. 대모는 프레멘 부족의 종교적 지도자를 말한다. 의식을 위해서는 반드시 파란색 독을 마셔야 한다. 제시카는 베네 게세리트 훈련에서 배운 능력으로 독을 변질시킨다.

폴도 프레멘 부족의 종교적 열기와 맞닥뜨린다. 그들은 폴이 자신들을 낙원으로 이끌어 주려고 온 리산 알 가입이라고 믿는다. 폴은 자신이 구세주가 아님을 납득시키기 위해, 앞으로 프레멘 부족의 방식을 배워 그들과 나란히 싸우겠다고 맹세한다. 그는 프레멘의 신뢰를 얻으면서 동시에 챠니의 마음도 조금씩 얻는다. 그러나 모래벌레 타는 법을 배우지 않고서는 프레멘이 될 수 없다. 이 궁극의 시험을 치르면서, 폴은 도망치고 싶어 하던 프레멘의 예언에 뜻하지 않게 부채질을 하고 만다.

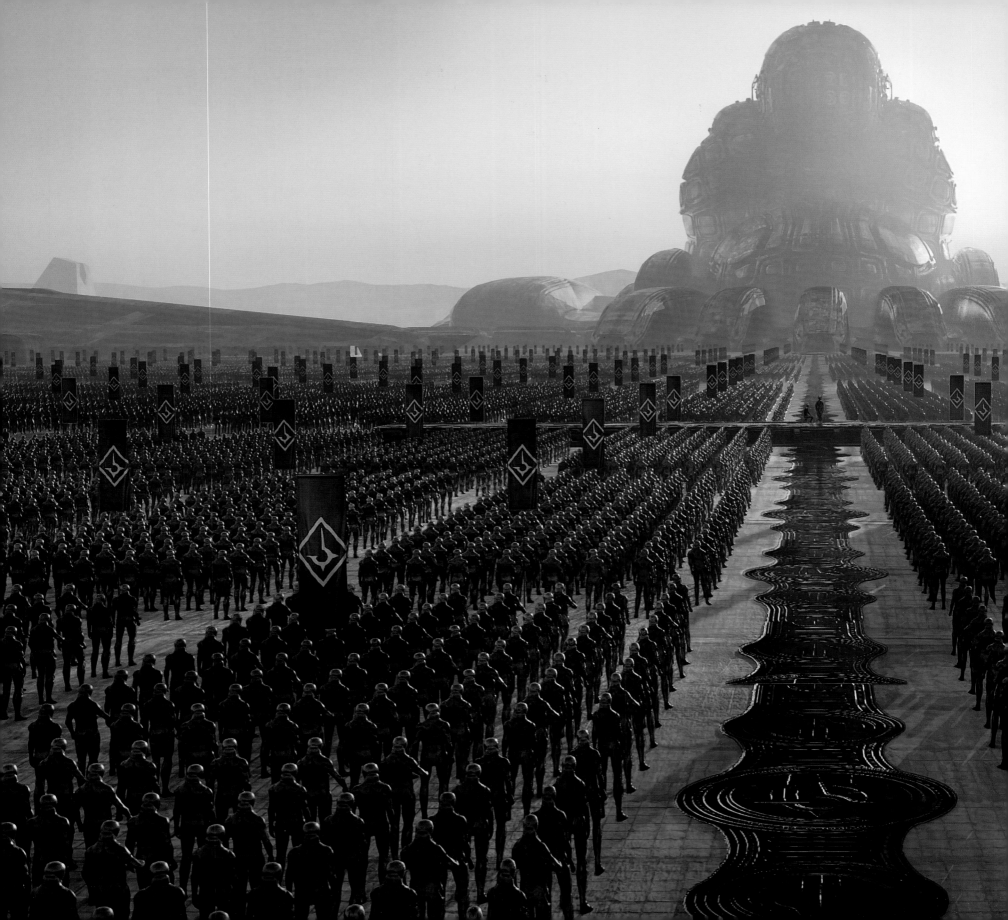

제국의 정치

한편 라반 하코넨이 아라키스 봉토를 맡은 뒤 시간이 흐르면서, 스파이스 밭에서 위협이 자란다. 스파이스 채굴 현장이 또 공격을 받[고] 초토화된 뒤, 그는 신비로운 프레멘 지도자 무앗딥을 잡으려고 사막[으로] 들어가지만, 망토를 걸친 실루엣을 언뜻 보았을 때 허둥지둥 도망쳐[서] 버린다.

황제와 이룰란 공주가 거주하는 제국행성 카이테인에서 모히암 [대]대모는 막후에서 비밀리에 권력을 조종하고 있다. 이룰란은 어느 종교적 인물이 아라키스를 난장판으로 만들고 있다는 말을 듣고 이[렇게] 묻는다. "혹시 폴 아트레이데스가 아직 살아있을까요?" 모히암은 이[렇게] 대답한다. "그만!" 공주의 짐작을 무심코 확인해 주는 대답이다.

아라키스에서는 거니 할렉이 <1부>에서 있었던 하코넨의 무시무[시한] 공격에서 살아남아, 스파이스를 불법적으로 수확하는 밀수업자들과[도] 함께 살고 있다. 어느 날 밀수업자의 수확기가 비옥한 스파이스 밭에[도] 착륙했을 때, 폴 아트레이데스가 이끄는 프레멘들의 공격을 받는다[.] "발소리를 듣고 알았어, 아저씨." 그는 첫 번째 영화에서 했던 대사를[도] 연상시키는 이 말을 거니에게 한다.

<2부>에는 페이드 로타 하코넨이 새로 등장한다. 그는 블라디미[르] 하코넨 남작의 조카이자 짐승 라반의 동생으로서 자신의 가치를 증명해야 한다. 경기장에서 화려한 격투를 벌인 뒤, 그는 모히암 대[모가] 특별한 임무를 맡긴 신비로운 인물 레이디 마거트 펜링을 만난다.

몇 달 뒤 페이드 로타가 불명예를 당한 형 라반에게서 아라키스[의] 통치권을 가져오자, 폴은 예언을 피하지 못하고 남반구로 여행한다[. 그] 여정은 대격변을 불러오는 전투와 대가문들 사이의 성전으로 이어[질] 것이다.

"파괴할 수 있는 자에게 진정한 힘이 있다[."]

폴 아트레이데스

22~23쪽: 아라킨 우주공항 하코넨 관제탑의 콘셉트 그림.

초기 콘셉트 그림

5쪽: 회의장의 콘셉트
원래 〈1부〉를 위한
이었다.

대본작업 중에 플롯의 중요 포인트들은 변하지 않았지만, 일부 요소들은 2022년 7월에 촬영이 시작될 때까지 유동적이었다. 프로덕션 디자이너 파트리스 베르메트는 새로운 원고가 나올 때마다 면밀히 살펴보았다. 대본의 변화가 몇 달 뒤 세워질 세트에 직접적으로 영향을 미치기 때문이었다.

드니와 파트리스는 2021년 말에 잠깐 의견을 교환했지만, 디자인 작업이 정말로 시작된 때는 2022년 초였다. 두 사람은 캐나다 몬트리올에서 만나, 밖에는 눈이 내리는 가운데 아라키스, 지에디 프라임, 카이테인 등 멀고 먼 행성으로 사람들을 데려갈 창조적인 공간에 발을 들여놓았다.

첫 단계는 〈1부〉의 어떤 요소들을 두 번째 영화에서 되새길 건지

결정하는 것이었다. 아라킨 레지던시가 한 예다. 이 피라미드 모양의 궁전은 첫 번째 영화에 많이 등장했다. 드니는 파트리스에게 이렇게 말했다. "그 공간과 우리 에너지를 다른 데에 써야 할 것 같아." 레지던시는 결국 〈2부〉에서 완전히 새로워진 디자인으로 얌전한 역할을 한다.

두 사람은 2019년은 물론 심지어 2018년까지 거슬러 올라가, 첫 번째 영화에 사용되지 않은 콘셉트 그림들을 파고들었다. 그중에, 커다란 지하 동굴에 자리 잡은 마을인 타브르 시에치 그림이 있었다. 〈2부〉에서 이 그림은 회의장 디자인으로 수정되었다.

〈1부〉의 이미지들과 2022년 1월부터 만들어진 새 콘셉트들이 합쳐져서

274쪽 분량의 디지털 참고서가 되었다. 이 자료는 점점 커져서 500쪽을 넘겼다. 드니는 나중에 이렇게 설명했다. "디자인의 관점에서 나는 〈듄: 2부〉를 완전히 새롭게 만들고 싶었습니다. 반드시 기시감을 느끼지 않게 한다는 것이 내게 가장 중요한 항목 중 하나였습니다."

폐허에서

첫 번째 영화에서 확립된 시각적 요소들이 이미 존재하던 세계를 확장시키는 재료 역할을
했다. 건축 쪽은 확실히 그랬다. 아라키스 우주공항과 아라킨시는 첫 번째 영화에서 심하게
손상되었는데, 〈2부〉에서는 적의 침공이 바꿔놓은 풍경과 공격의 상흔을 보여주기 위해 그
장소들을 다시 담을 예정이었다. 드니는 폐허 위에 구조물을 짓자고 제안했다.
"검은색 플라스틱으로 만든 거대한 곤충 모양의 구조물이 폐허에서 솟아나는 모습을 상상해
봐. 마치 하코넨이 자기네 행성을 여기로 가져온 것 같은 모습." 파트리스도 악당 하코넨의
건물을 디자인하기 위해 정말 터무니없는 모양을 여럿 참조한 경험이 있기 때문에 드니와
같은 의견이었다. "내 말을 들으면 웃음을 터뜨릴 텐데, 내가 어디서 영감을 얻었는지 알아?"
그는 드니에게 이렇게 묻고 답을 내놓았다. "정화조야." 드니는 웃음을 터뜨리면서 그저
감탄할 수밖에 없었다. "반짝이는 검은색 새 정화조." 파트리스가 말을 덧붙였다.

26~27쪽: 하코넨의 검은 건축물이 아라킨의 모래 빛깔 도시풍경과 레지던시를 침범한다.

28~29쪽: 하코넨이 장악한 우주공항의 콘셉트 그림.

29쪽 위: 〈1부〉에서 하코넨의 공격이 끝난 뒤 풍경.

영혼의 저수지

30~31쪽: 영혼의 저수지의
초기 콘셉트 그림.

드니는 또한 <2부>를 위해 '영혼의 저수지'를 지어야 한다는 점을 분명히
했다. 지하에 있는 이 거대한 저수지는 소설에서 타브르 시에치의 동굴 안에
자리 잡고 있으며, 프레멘들의 시신에서 수거한 신성한 물이 가득 차 있다.
언젠가 아라키스를 식물이 우거진 푸른 행성으로 되돌리기 위해 모아놓은
물이다. 만약 이런 저수지가 실제로 존재한다면, 엄청 거대할 것이다. 도저히
방음 스튜디오에 세트를 지을 수 없을 정도로. 드니는 비록 360도 세트가
필요하지는 않지만, 진짜 물이 담겨있어야 한다고 구체적으로 설명했다.

창조자 신전

대본이 점차 다듬어지면서 콘셉트 그림도 발전했다. '창조자 신전'도 그런
경우였다. '창조자'라고도 불리는 모래벌레를 키우는 곳인데, 때가 되면
'생명의 물' 의식에 사용되는 독을 모래벌레의 몸에서 얻어낸다. 이 장면을
위해 처음 구상한 이미지에서는 넓고 움푹한 그릇 같은 공간이 하나밖에
없었지만, 드니는 둘을 요구했다. 모래를 채운 것 하나, 물을 채운 것 하나.
그러면 모래벌레를 보살피는 '창조자 지킴이'가 모래 속에서 모래벌레를
잡아 물이 있는 쪽으로 걸어가서 독을 뽑아낼 수 있었다. 파트리스는 이
장면의 연출구상을 반영해서 디자인을 수정했다.

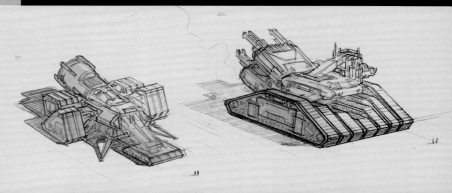

밀수업자 수확기

이 두 편의 영화를 만들 때 드니의 목표는 항상 자신의 내면에 존재하는
《듄》의 팬심을 만족시키는 것이었다. 프랭크 허버트가 책에서 묘사한
것들을 영화에서 시각적 요소로 살려내는 것. 밀수업자의 수확기를
그린 초기 그림이 바로 그런 만족감을 안겨주었다. "수확기 위에 주황색
거품 같은 돔을 얹을 수 있을까요?" 드니가 물었다. "전망대를 설치하는
아이디어가 마음에 듭니다. 책에서는 그걸 '거품 모양 조타실'이라고
묘사하는데, 나는 항상 그 아이디어가 좋았어요."

34쪽: 주황색 돔이 없는 밀수업자 수확기의 초기 콘셉트 그림.

오랜 꿈

제국 막사는 드니와 파트리스가 2022년에 의견을 나눈 두드러진 구조물 중 하나였다. 접었다가 펼치면 여러 층 높이가 되는 이 금속 구조물은 상공에 떠있는 제국 우주선의 지원을 받는다. 독특하고 공상적으로 디자인된 이 건물에서 제 3막의 사건들이 벌어질 것이다. "나는 둥그런 우주선을 상상하지 않았지만, 아름답네." 드니는 감탄했다. "프랭크 허버트의 작품이 지닌 정신을 존중하면서, 동시에 지구와 비슷한 건축물을 디자인의 기초로 삼았어. 내가 강렬한 감정을 느끼는 것은, 이것이 오랜 꿈이기 때문이야." 이 말을 들은 파트리스는 고개를 끄덕이며 말했다. "그래, 프랭크 허버트의 책이 당신한테 무슨 의미인지 내가 알지."

36쪽: 제국 막사의 콘셉트 그림.

37쪽: 제국 막사가 만들어지는 3단계를 묘사한 콘셉트 그림.

아라키스의 옷

2022년 1월 드니는 첫 번째 영화에도 참여했던 의상 디자이너 재클린 웨스트와 첫 회의를 했다. 두 사람은 먼저 <1부>의 의상들 중 가장 눈에 띄는 사막복에 대해 의논하기 시작했다. 온몸을 감싸는 형태로 대단히 정교한 구조를 갖춘 이 옷은 아라키스의 깊은 사막에서 호흡만큼이나 필수적이며, 호흡 속 수분과 땀, 오줌 등 모든 종류의 체액과 수분을 재활용하고 걸러서 식수로 만드는 역할을 한다. 첫 번째 영화 속 사막복에는 눈을 보호하는 장치가 포함되지 않았지만, <2부>에서는 고글이 필수적이라는 점을 드니는 알고 있었다. 페다이킨이라는 프레멘 엘리트 전사들을 위한 새 전술 갑주에 대해서도 의견이 오갔다.

모래벌레를 타고 움직이는 긴 여정을 위해 재클린은 드니가 '샌드라이더 실드'라고 묘사한 의상도 디자인했다. 프레멘들은 모래벌레의 힘을 조종해

위험한 모래폭풍 속을 달리며 바람과 모래에 정면으로 맞설 생긴 이 보호 장비를 착용한다. "그들은 행렬의 맨 앞에 선 2 보여야 돼요." 그날 대화에서 드니는 이렇게 말했다. "모래기 바람에 잔뜩 시달린 것처럼 보이는 의상이어야 합니다."

<2부>에서 프레멘 의상은 그들의 문화, 종교, 생활방식을 더 깊이 이해시키는 역할을 한다. 예를 들어, 시에치 안에서 아라키스의 가혹한 환경으로부터 보호받는다. 거기서 그들이 의류는 이 지하 공간이 안전한 곳임을 암시한다. "프레멘은 돼요." 드니는 이 의상이 관객에게 설명해야 하는 의미를 이 재클린도 동의했다. "소박함 속에 자신감이 있죠."

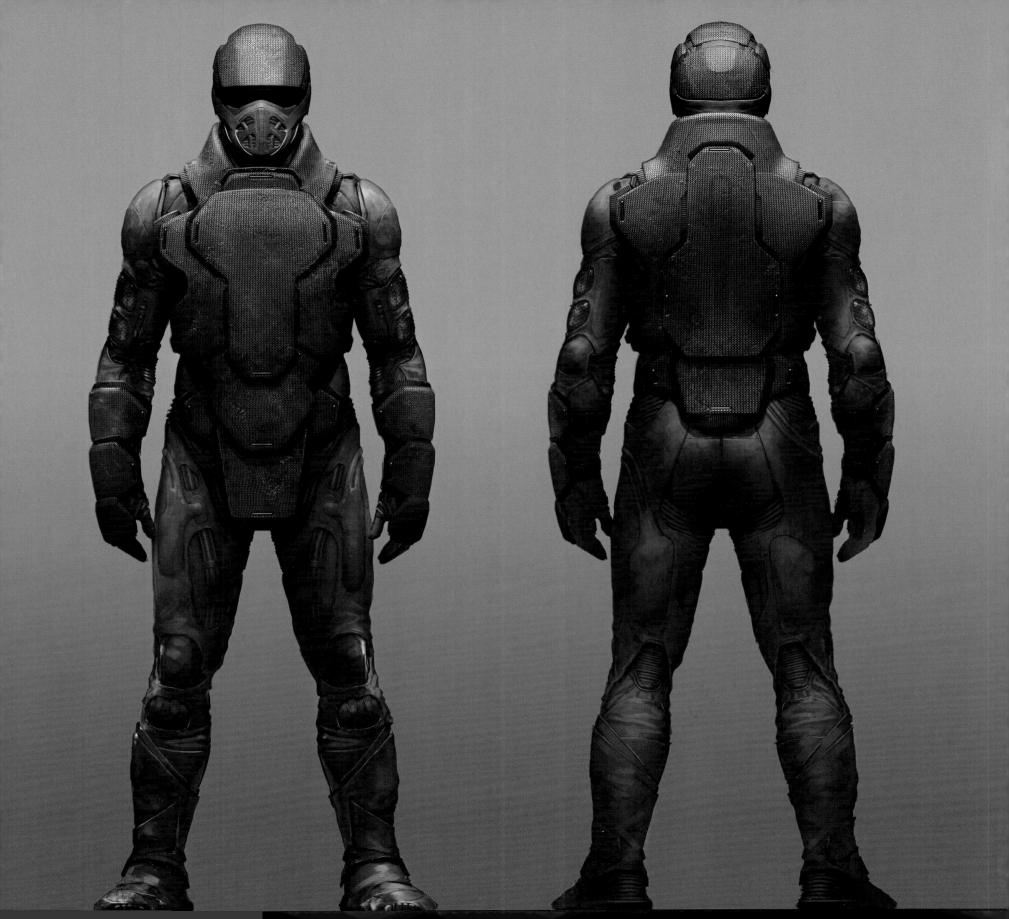

샌드라이딩 입문

<1부>는 말미에서 모래벌레
아트레이데스가 처음으로
훌루드는 사막의 모래벌레
소설에서 이 장면이 워낙
표현해야 했다. 드니는 제작
출발하기도 전에 각 팀의
역동적인 이 시퀀스에 대한

　스토리보드 아티스트 샘
논리적으로 설명할 그래픽
단계는 규칙적인 리듬으로
한복판에 꽂아 모래벌레를
집어삼키려고 모래 속으로
꼭대기에서 움직이는 사막
발밑에서 무너지는 순간 시
꿈입니다." 그날 회의에서

　드니는 폴의 첫 번째 라
강조했다. 영화를 보고 나
한다고. "눈사태를 타고 넘
뚝 떨어질 겁니다. 등에 착
유지해야 하고요." 드니는
아주 빠르게 이동하지만 비
가능한 한 모래 속에 있고
우리는 그 사막 짐승의 몸
겁니다." 드니는 이렇게 설

　이 장면이 이 영화에서
"연구가 아주 많이 필요할
위한 다음 단계는 스토리보
애니메이션으로 옮겨졌다
대로 실현하기 위한 가이드

DUNE SECTIONS — WORM ATTACK / POV WORM RIDING.   FEB·17·22

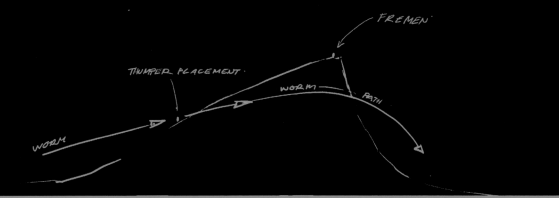

FREMEN

THUMPER PLACEMENT.

WORM

WORM

PATH

THUMPER PLACEMENT FOR CATCHING WORM

DRONE POV

WORM RIDING POV OVER STEEP DUNE — DRONE DIVE

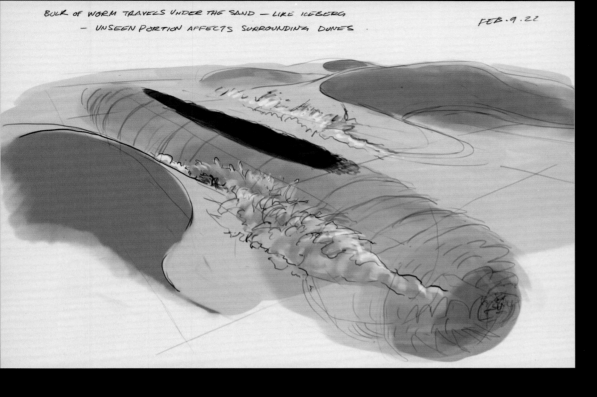

BULK OF WORM TRAVELS UNDER THE SAND — LIKE ICEBERG
— UNSEEN PORTION AFFECTS SURROUNDING DUNES

FEB.9.22

42쪽 왼쪽: 모래벌레를 향해 뛰어가는 폴을 묘사한 그림.

42쪽 오른쪽: 모래언덕을 통과하는 모래벌레의 궤적(위)과 벌레에 올라탄 폴의 시점(아래).

43쪽 위: 모래 지표면 아래에 있는 모래벌레의 크기.

43쪽 아래: 모래벌레에 올라탄 폴을 묘사한 초기 스케치.

44~45쪽: 사막을 이동하는 폴을 묘사한 초기 콘셉트 그림.

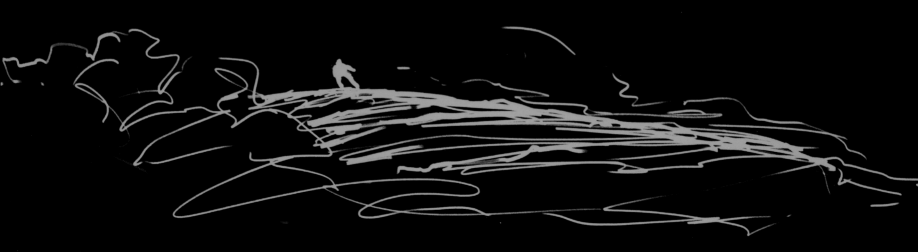

TRAVELLING ON A WORM IN THE OPEN DESERT

KAITAIN
카이테인

제국행성

프랭크 허버트의 《듄》은 행성과 그 행성에 사는 생물들이 서로를
규정하고 특징짓는 우주에서 펼쳐지는 비극이다. 첫 번째 영화는 평화로운
아트레이데스 가문의 초록이 무성한 고향 행성 칼라단에서 시작한다.
칼라단과는 극단적으로 다른 지에디 프라임은 하코넨 가문이 지은,
검은색으로 번들거리는 플라스틱 구조물로 이루어진 곳이다. 반면 살루사
세쿤더스는 황량한 바위투성이의 제국 감옥행성이다. 건조한 사막행성
아라키스는 프레멘과 모래벌레의 땅이다. 정신을 확장시켜 주며 우주여행에
필수적이라서 모두가 탐내는 스파이스의 땅이기도 하다.

    〈2부〉는 우리를 아라키스와 지에디 프라임으로 다시 데려가지만, 또한
제국행성 카이테인에 실제로 발을 딛는 느낌을 처음으로 경험하게 해준다.
두 번째 영화는 바로 이곳, 이룰란 공주의 집무실에서 시작된다. 공주는
후세를 위해 지난 몇 달 동안의 비극적인 사건들을 기록으로 남기는 중이다.
이 장면은 〈1부〉가 어떤 상황에서 끝났는지를 되새겨 줄 뿐만 아니라,
이야기의 핵심에 있는 분쟁을 바라보는 시야를 넓혀 황제의 내밀한 정치적
게임까지 들여다볼 수 있게 해준다.

    첫 번째 영화에는 카이테인이 등장하지 않았기 때문에, 드니는 이 행성의
디자인을 처음부터 새롭게 시작했다. 대본에 '식물이 무성한' 제국 정원이
명시되어 있었으므로 제작진은 이런 조건에 맞으면서 동시에 먼 미래의
외계행성 분위기를 풍기는 촬영장소를 찾으려 전 세계를 뒤지기 시작했다.
파트리스는 가상의 정원을 디자인한 뒤, 일본, 멕시코, 프랑스, 브라질에서
그런 장소들을 찾아보았으나 그와 드니의 창의적인 심금을 울린 곳은
이탈리아의 브리온 납골당 성단소였다. 결국 2022년 7월 이 장소에서
촬영이 이루어졌다.

"크리스토퍼 워컨과 함께 일하게 된 것이
우리에게는 영광이었습니다.
그는 권력을 잃어가는 황제의 약한 모습과
인간적인 모습을 그려냈습니다."
드니 빌뇌브, 감독

46~47쪽: 카이테인 행성에 있는 제국 궁전의 초기 콘셉트 그림.

48~49쪽: 제국 정원의 이룰란 공주와 황제를 묘사한 콘셉트 그림.

50쪽: 제국 정원의 베네
게세리트 자매들을 묘사한
콘셉트 그림.

51쪽: 이탈리아의 브리온
납골당 성단소. 카이테인에
있는 이룰란 공주의
집무실로 꾸며졌다.

브리온 납골당 성단소

이탈리아 베네치아에서 자동차로 한 시간 거리, 아솔로 마을 근처에 카를로
스카르파가 설계한 놀라운 건축물이 있다. 이 브리온 납골당 성단소의
사진들은 <1부>에 나오는 칼라단 성의 실내장면을 구상할 때 시각적인 영감을
주었다. 커다란 원형 출입구와 브루탈리즘(거대한 콘크리트나 철제 블록 등을
사용하여 추하게 여겨지기도 한 건축양식. 특히 1950~60년대에 유행함-
옮긴이) 양식의 형태 및 질감이 그러했다. 우리는 거기서 영화를 촬영한 적이
없었다. 아니, 거기서는 어떤 영화도 촬영한 적이 없다. 다른 영화 제작진들이
촬영을 시도한 적은 있으나 모두 거절당했다. 그렇다면 <2부>가 마침내 이
귀한 장소에서 촬영을 허락받은 이유는 무엇인가? 브리온 가문의 아들이
프랭크 허버트가 쓴 《듄》의 팬이고 드니의 영화를 아주 좋아한 덕분이었다.

그곳에서 로케이션 촬영 준비 첫 날, 콜시트(영화 촬영 기간 중에 스태프와
배우에게 미리 나눠주는 다음 날의 예정표-옮긴이)에는 제작진에게 보내는
파트리스의 메시지가 적혀있었다. "이곳에서 촬영을 허락받은 것은 지극히
영광스러운 일입니다. 카를로 스카르파의 작품은 첫 번째 영화 전체에 걸쳐
디자인에 미학적인 영향을 미친 가장 중요한 요소 중 하나로서 필수적인
역할을 했습니다. <1부>의 첫 불꽃이 피어난 곳에서 <2부>의 촬영을 시작하게
된 것은 크나큰 영예입니다."

영화에서 우리는 정자, 원형 출입구는 물론 심지어 잉어연못의 수련
이파리에 이르기까지 이 성단소의 여러 곳을 볼 수 있다. 제작진이 촬영을 위해
추가한 것은 이룰란의 집무실에 놓인 가구들뿐이었다. 우리는 스카르파가
설계한 예배당과 매끄럽게 어울리는 책상, 의자, 선반을 만들었다.

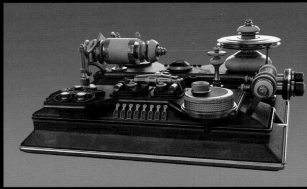

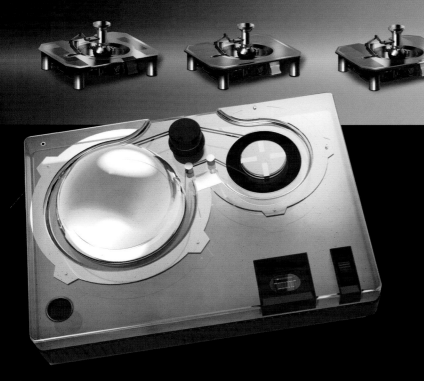

"시거와이어 장치를 디자인하는 과정에서
다양한 방안을 탐구한 끝에,
드니는 역사를 새길 수 있는 릴을
이 장치에 포함시키자고 제안했다."

52쪽: 시거와이어 기록장치 디자인 변천과정과 최종 완성품(왼쪽 위).
53쪽: 배우 플로렌스 퓨.

역사 기록

<2부>에서 가장 먼저 촬영한 장면은 또한 영화의 도입부이기도 했다. 플로렌스 퓨가 맡은 이룰란 공주에 대해 드니는 "《듄》의 정치적 음모에서 핵심적인 역할을 하는 사람 중 하나"라고 묘사했다. 그가 퓨를 선택한 것은, 다층적인 연기를 할 수 있는 사람이 필요하기 때문이었다. "황제인 아버지와 함께 있을 때 이룰란은 자신의 가치를 그에게 증명해 인정받으려고 합니다. 베네 게세리트의 모히암 대모와 함께 있을 때는 지혜를 드러내죠. 그러다 영화 끝부분에서는 식민지를 노리는 제국주의자의 힘을 보여줍니다." 드니는 이렇게 설명했다. 플로렌스 퓨는 화면에서 이 모든 것을 표현했다.

이룰란 공주는 시거와이어 기록장치의 마이크를 향해 첫 대사를 말한다. 프랭크 허버트는 소설 용어집에서 '시거와이어'를 "덩굴 식물에 금속을 입힌 압출 성형품"이라고 설명했다. 드니는 이 기술제품의 디자인을 가볍게 생각하지 않았다. 이 소도구가 많은 변화를 거친 것이 그 증거다. 드니는 초기 창작회의에서 이렇게 말했다. "소설은 아날로그의 성질을 띤 모든 것에 경의를 표합니다. 이 장치가 첨단기술제품처럼 보이기를 바라지만, 또한 빈티지 느낌도 있어야 합니다." 잇따른 시도와 실패를 맛본 끝에 드니는 기록 내용이 실제로 새겨지는 릴을 추가하자고 제안했다. "이것은 세월의 시련을 견뎌내며 수천 년의 역사를 기록하는 데 사용된 기술 유형입니다." 그는 이렇게 설명했다. 이 디자인이 최종적인 승인을 받은 뒤, 소도구 담당자 더그 할로커는 회전하는 원통 위로 바늘이 움직이면서 이룰란의 말을 영원히 새기는 장치를 만들었다.

케옵스 체스게임

54쪽 아래: 소설 《듄》에서 영감을 얻은 케옵스 게임의 콘셉트 그림.

55쪽: 황제 역의 크리스토퍼 워컨과 폴 무앗딥 아트레이데스를 연기하는 티모테 샬라메.

황제는 〈2부〉의 첫머리에서 처음 등장한다. 이룰란 공주가 아라키스에서 아트레이데스 가문이 거의 궤멸된 일을 떠올리며 그 일에 대해 황제가 반응을 보이지 않은 것을 생각할 때다. 화면에는 아버지와 딸이 식물이 무성한 야외에서 보드게임을 하는 모습이 나타난다. 우리는 이탈리아 르네상스 시대의 정원 여러 곳을 조사해 보았으나, 결국은 부다페스트 버르거 마르톤 박물관의 일본식 정원에 있는 어느 늙은 나무의 옹이 진 가지 아래에서 이 장면을 촬영했다.

황제와 이룰란이 이때 하는 게임은 프랭크 허버트가 상상한 게임에서 영감을 얻은 것이다. 드니는 케옵스 피라미드 체스게임을 자기 나름대로 해석해서 영화에 담았다. 소도구 담당자 더그 할로커는 영화 〈듄〉의 디자인 과정에 대해 이렇게 말했다. "드니는 소설에 나오는 문화적 요소에 충실합니다. 이 지적인 게임에는 우리가 디자인한 커다란 체스 말과 납작한 원반이 함께 사용됩니다."

"드니의 목표는 항상 자신의 내면에 존재하는 《듄》의 팬심을 만족시키는 것이었다. 프랭크 허버트가 책에서 묘사한 것들을 영화에서 시각적 요소로 살려내는 것."

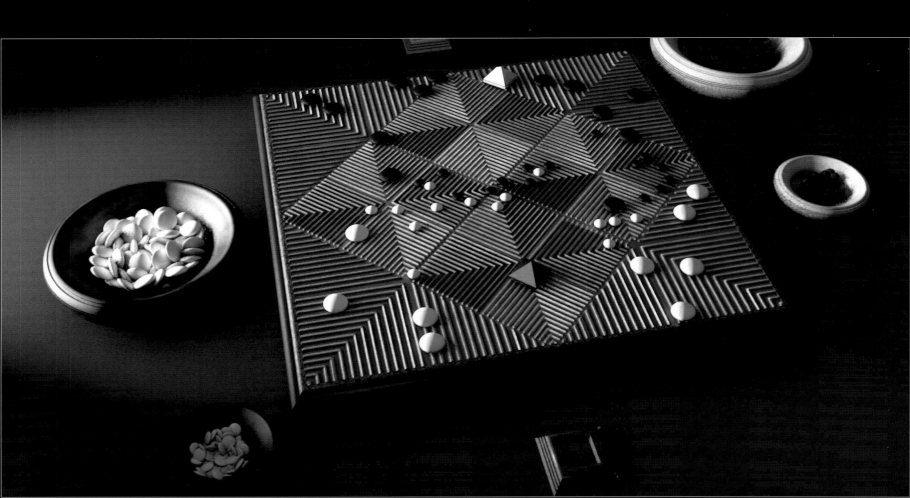

제국의 방식

2019년 〈1부〉의 촬영장에서 출연진은 황제 역할을 누가 맡을지를 놓고 자기들끼리 자주 이야기를 나눴다. 황제는 첫 번째 영화에 등장하지 않지만, 아트레이데스 가문에 아라키스를 봉토로 삼으라는 명령을 내린 것부터 사다우카 군대를 보내 아라킨을 공격하는 하코넨의 힘을 강화해 준 것에 이르기까지 이야기의 반전과 고비마다 그의 광범위한 영향력이 느껴졌다.

크리스토퍼 워컨은 2022년 여름에 황제 역에 캐스팅되었다. "크리스토퍼 워컨과 함께 일하게 된 것은 큰 영광입니다." 드니는 이렇게 말했다. "그는 권력을 잃어가는 인물, 그리고 오랜 친구 레토 아트레이데스 공작을 배신한 죄책감을 감당해야 하는 인물의 약한 모습과 인간적인 모습을 그려냈습니다." 그가 〈2부〉에 합류한다는 소식이 알려졌을 때, 팻보이 슬림(잉글랜드 출신의 디제이-옮긴이)의 뮤직비디오가 과거 속에서 다시 떠올랐다. 워컨이 뮤직비디오에 출연한 노래 '웨폰스 오브 초이스(WEAPONS OF CHOICE)'의 가사 중에 《듄》과 관련된 것처럼 보이는 가사가 있기 때문이다. "리듬 없이 걸어/그러면 벌레가 오지 않아." 코러스 부분의 이 가사는 프레멘의

궁전의 담장 안

드니는 다양한 제국의 궁전 외양 디자인을 조사했으나, 영화에서는 궁전 외부 대신 내부에서 벌어지는 드라마에 초점을 맞추기로 했다. "황제의 세계를 어떤 분위기로 표현해야 할지 6개월 동안 고심했습니다." 드니는 자신이 상상한 황제의 세계와 잘 맞는 콘셉트를 마침내 찾아낸 뒤 이렇게 말했다. 나무로 장식된 실내는 고해소와 비슷한 세트를 그린 초창기 콘셉트 그림에서 영감을 얻은 것이다. '제국의 침묵 부스'라고 불리는 이곳에서 황제는 자신이 더러운 거래를 하고 있음을 드러냈다. 이 장면은 최종적으로 삭제되었으나, 고해소 그림은 제국의 실내를 디자인할 때 기본적인 분위기를 설정해 주었다.

궁전의 담장 안에서 촬영이 이루어지는 곳은 둘이다. 황제의 사실(私室)과 모히암 대모의 집무실. 두 장면에 모두 쓰일 수 있는 모듈형 세트가 만들어졌다. 이런 일석이조 디자인은 모히암이 제국의 '진실을 말하는 자'인 만큼 그녀의 거처와 황제의 거처가 서로 가까이 있을 것이고, 건축 양식도 같을 것이라는 논리에서 나온 것이다.

드니는 이 두 방이 "지금껏 한 번도 본 적이 없는 방식으로 목재를 다듬어 만들어진 곳"이어야 한다고 설명했다. "진짜 나무의 느낌이 나지만 모양은 독특해야 합니다. 미래의 조각가가 조각한 것처럼 보여야 해요." 벽과 천장에는 어두운 나무를 연상시키는 색을 칠했고, 바닥에는 브리온 성단소의 타일을 닮은 타일이 깔렸다. 카이테인의 야외 로케이션 촬영지와 이 세트를 시각적으로 연합시키는 것이 목표였다.

56쪽: 제국의 침묵 부스 안에 있는 황제를 묘사한 초기 콘셉트 그림.

57쪽 위: 모히암 대모의 집무실 장식과 소도구.

57쪽 아래: 헬렌 가이우스 모히암 대모 역의 샬럿 램플링.

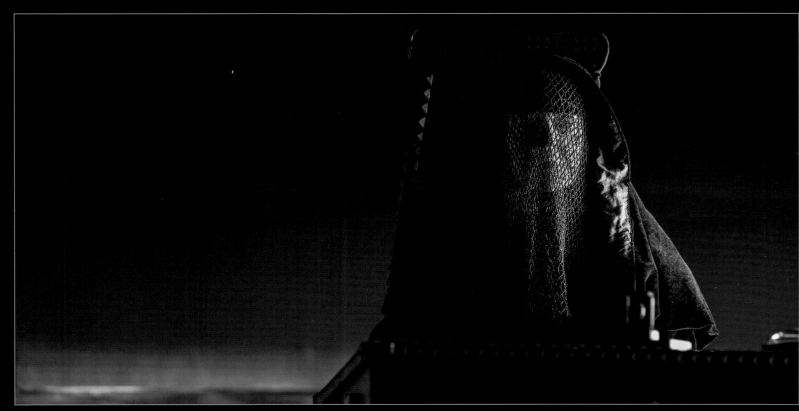

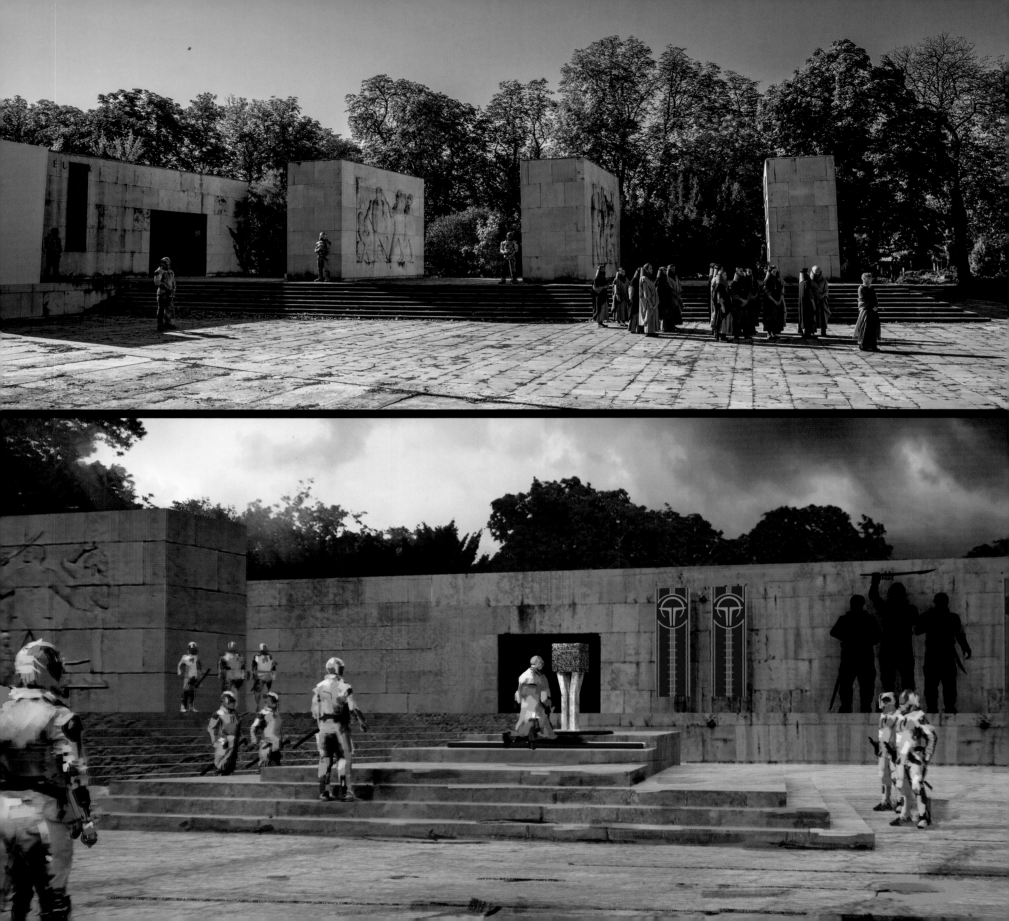

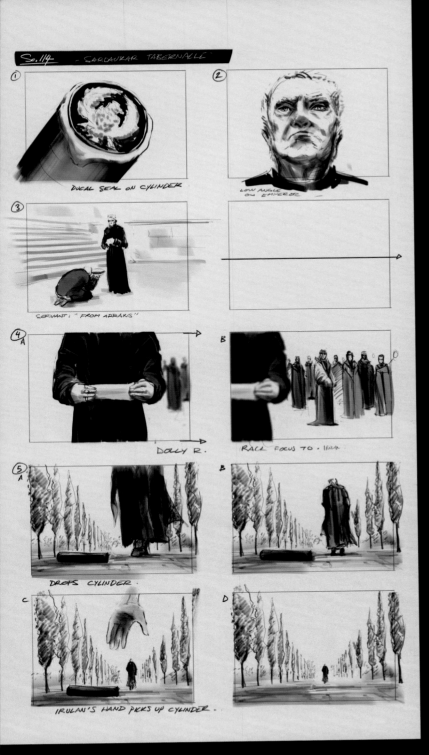

아라키스에서 온 메시지

아라키스 행성의 광대함을 표현하기 위해 다양한 곳에서 장면을 촬영했듯이, 제국행성 카이테인도 같은 방식으로 연출했다. 이탈리아, 공원, 세트에서 촬영을 마친 뒤, 이 행성을 무대로 한 마지막 장면은 부다페스트의 피우메이 로드 묘지에서 촬영했다. 브루털리즘 양식의 소련식 기념비를 배경으로 황제는 정체를 알 수 없는 무앗딥이 스스로 폴 아트레이데스임을 밝힌 메시지를 받는다.

대본의 초기 버전에서 황제는 허버트가 '메시지 두루마리'라고 명명한 물건을 받을 때 정원을 가꾸고 있었다. 이 정원 가꾸기 아이디어는 중간에 사라졌지만, 드니는 금속제 두루마리에 대해 소설에 묘사된 대로 "끝이 아트레이데스 문장으로 봉인된 튜브 같은" 모양으로 영화에 나와야 한다고 강력하게 주장했다.

황제는 아라키스에서 온 위협을 받은 뒤, 이룰란 공주, 모히암 대모, 사다우카 군대와 함께 카이테인을 떠난다. 그가 안전한 고향 행성으로 돌아올 수 있을까? 지나치게 많은 도박을 한 그의 전망은 밝지 않다.

58쪽 위: 헝가리 부다페스트의 피우메이 로드 묘지 기념비 앞에서 촬영 중인 모습.

58쪽 아래: 전사자들을 기리는 조각과 프레스코화가 있는 사다우카 신전 콘셉트 그림.

59쪽 왼쪽: 황제가 메시지 두루마리를 받는 장면을 그린 스토리보드.

59쪽 아래: 플로렌스 퓨가 연기하는 이룰란 공주가 아트레이데스 상징을 보고 있다.

BACK TO ARRAKIS

다시 아라키스로

장면 10

이룰란 공주의 소개가 끝난 뒤 일식과 함께 〈2부〉가 시작된다.
아라키스의 두 달이 태양 앞을 지나가면서 붉은 그림자가 행성 표면과
폴 아트레이데스에게 드리워진다. 티모테 샬라메가 연기하는 폴은 사막
한복판의 모래언덕에서 깨어난다. 첫 번째 영화의 마지막 장면, 즉 폴이
어머니 제시카(리베카 퍼거슨)와 함께 '사막의 힘'의 진정한 의미를 목격한
순간으로부터 고작 몇 시간이 흐른 시점이다. 폴에게 조용히 하라고
손짓하는 챠니(젠데이아), 아트레이데스 가문의 두 생존자에게 가만히
있으라고 지시하고는 프레멘들과 함께 자리를 뜨는 스틸가(하비에르 바르뎀)
도 화면에 등장한다. 폴과 제시카는 모래언덕 너머를 보고, 하코넨 군대가
빠르게 다가오고 있음을 알아차린다.

〈2부〉는 〈1부〉가 끝난 장면에서 곧바로 이어지지만, 이 두 영화의 촬영
시기는 3년이나 차이가 난다. 이 촬영은 우리가 그때까지 했던 모든 작업을
능가할 만큼 복잡했다. 모든 장면에는 저마다 힘든 부분이 있지만, 하코넨
군대의 기습 장면에서 우리가 맞닥뜨린 어려움은 차원이 달랐다. 우선,
와이어 촬영과 무술 장면을 포함해서 모든 것을 사막에서 찍어야 했다. "다른
곳도 아닌 중동에서 드니가 실행에 옮긴 스턴트와 액션 장면은 유례가 없는
수준이었습니다. 대개 이런 장면은 백로트(촬영소 내의 옥외 촬영지-옮긴이)

나 실내 스튜디오에서 촬영합니다." 프로듀서 메리 페어런트의 말이다.

이 장면의 다양한 시각적 요소를 모두 담을 수 있는 촬영지가 없다는
점이 어쩌면 더 기가 막힌 사실인지도 모르겠다. 따라서 우리는 이 시퀀스를
요르단과 아랍에미리트연합(UAE) 내의 열두 곳에서 촬영해야 했다.
이 엄청난 일을 계획하는 데에만 몇 달을 쏟은 덕분인지 마침내 사막에
도착했을 때 우리는 모든 장면이 최종 편집본에서 매끄럽게 이어지게 하기
위해 무엇을 해야 하는지 정확히 알고 있었다.

이 시퀀스는 원래 야간 장면이었지만, 드니는 여러 가지 이유로 이것을
낮의 일식 장면으로 바꿨다. 이러한 결정을 내리면서 그는 다음과 같이
설명했다. "일식이 무섭고 초현실적인 분위기를 만들어 줄 겁니다. 〈1부〉의
마지막 장면에서 겨우 몇 시간이 흐른 뒤인데도, 관객은 폴을 다시 만나면서
놀라움을 느낄 거예요. 충격적인 붉은색 이미지 덕분에 차갑고 젖은
수영복을 입는 것 같은 느낌을 피할 수 있다면 좋겠네요. 또한 관객들에게
폴처럼 방향감각을 잃어버린 듯한 느낌을 주고 싶은 의도도 있습니다."

일식으로 붉은 색조가 생겨나면서, 장면 전체의 촬영 방식도 영향을
받았다. 촬영감독 그리그 프레이저는 컬러 스펙트럼에서 파란색과 초록색을
일부 제거하기 위해 일반 아리 LF 카메라에 가시광선 IR 컷필터를 사용했다.

"붉은색 파장 쪽으로 더 기울어지게 빛의 조성을 바꿨습니다." 그는 이렇게 설명했다.

　그리그는 또한 각각의 장소에서 각각의 장면이 펼쳐지는 정확한 시간을 스토리보드에 설정된 대로 확립하기 위해 3D 소프트웨어 언리얼 엔진, 사진측량, 드론, 지상 라이다 스캐닝을 이용해서 크게 공을 들였다. "그 덕분에 촬영장소인 중동까지 가지 않아도 부다페스트에서 촬영 스케줄을 세심하게 조율할 수 있었습니다." 그리그는 이렇게 덧붙였다.

　예를 들어 레이디 제시카가 하코넨 군인을 죽이는 충격적인 콘셉트 그림을 재현할 때 그는 촬영현장에서 리베카 퍼거슨의 등 뒤로 태양이 나타나는 정확한 시간, 날짜, 위치를 미리 파악할 수 있었다.

　그러나 요르단 사막에서 진짜 일식을 경험할 줄은 우리도 미처 알지

못했다. 2022년 10월 25일, 달이 태양을 35퍼센트 가렸다. 하늘을 완전히 어둡게 만들 정도는 아니었지만, 카메라를 하늘로 들어올리면 일식을 충분히 포착할 수 있었다. 이런 천체들의 움직임이 정말로 영화에 등장한다. 시각효과 전문가 폴 램버트가 팀원들과 함께 나중에 두 번째 달을 화면에 추가했다.

　드니와 그리그가 <2부>를 어떻게 촬영할지 처음 논의할 때 핵심을 차지한 또 하나의 요소는 아이맥스였다. "<1부>에서 그리그와 나는 자연과 관련된 모든 것을 아이맥스로 찍자고 의견을 모았습니다. 전체의 40퍼센트 정도였어요. <2부>에서는 사막에서 보내는 시간이 90퍼센트나 돼서 우리는 영화 전체를 아예 아이맥스로 찍었습니다." 드니는 이렇게 설명했다.

타브르 시에치

우리의 아라키스 귀환은 사막 촬영을 몇 달 앞둔 2022년 여름 부다페스트에서 시작되었다. 2022년 8월 1일 티모테, 젠데이아, 리베카, 하비에르가 신전과 비슷한 타브르 시에치 세트에 처음으로 발을 들여놓았다. 시에치 입구와 널찍한 회랑은 콘셉트 그림을 반영해서 지어졌다. 돌벽에는 그림이 새겨지고, 바닥은 모래로 덮었고, 때로는 바닥이 무려 천장만큼 높은 비탈이 되기도 했다. 스틸가와 챠니가 지하에 있는 이 안전한 집으로 돌아왔을 때, 시에치의 부족원들은 폴과 제시카를 보고 불만을 표시한다.

이 장면의 캐스팅과 리허설은 드니가 그때까지 경험한 어떤 일과도 달랐다. 촬영 일주일 전, 다양한 직업을 지닌 엑스트라 100명이 촬영장에 나타났다. 드니는 이 군중 장면을 어떻게 연출할지 확실한 생각을 갖고 있었지만, 직업적인 배우가 아닌 사람들을 데리고 그 생각을 구현할 수 있을지 자신이 없었다. 그는 먼저 그들에게 이렇게 말했다. "이 행성에 사는 사람들은 프레멘이라고 불립니다. 이 작품은 사막에서 길을 잃고 프레멘에게 구조된 모자의 이야기예요. 문제는 그들이 이 행성 출신이 아니라서 이곳과 어울리지 않는다는 겁니다. 여러분은 그 두 사람을 좋아하지 않아요. 이방인들은 대개 여러분의 행성을 착취하고, 마을을 파괴하고, 동포를 죽이거든요." 드니는 그날 바로 엑스트라들을 한 명씩 일일이 오디션하면서 처음에는 분노를, 그다음에는 슬픔을 표현해 보라고 요구했다. 모든 사람에게서 최고의 결과를 뽑아내는 방식으로 그는 배경을 차지하는 군중을 창조해 진정성과 감정이 풍부한 장면을 만들어 냈다.

66쪽 위: 타브르 시에치 내부 초기 콘셉트 그림.

66쪽 아래: 이 장면에 출연할 엑스트라들은 개별적으로 드니 빌뇌브 감독의 오디션을 거쳤다.

67쪽: 타브르 시에치에 도착한 스틸가(하비에르 바르뎀).

망자의 방

프레멘 군중 속을 지나온 폴과 제시카는 스틸가와 챠니를 따라 망자의 방으로 들어간다. <1부>에서 폴의 손에 목숨을 잃은 야미스의 시신을 가져와 프레멘 전통에 따라 물을 빼내는 곳이다. 뱁스 올루산모쿤은 이 의식뿐만 아니라 폴의 예지 환영(幻影) 속에서도 다시 야미스를 연기했다.

드니는 이 종교적 의식에 대해 세세하고 구체적인 지시를 내렸다. 먼저 망자의 방에 석관과 비슷한 돌덩이가 있고, 그 위에 야미스의 시신이 놓여야 했다. 그 뒤로도 그의 공들인 연출은 계속 이어졌다.

우선 시체가 들어있는 자루에서 칼과 장식품을 제거하고, 끈을 풀어 야미스의 얼굴을 드러낸다. 그다음에는 고대의 화려한 가위로 사막복의 중심 튜브를 잘라 작은 병에 끼워 넣어 물을 수거한다. 그리고 빨리 굳는 밀랍을 야미스의 눈, 귀, 입, 코에 바른 뒤 플라스틱으로 몸 전체를 덮는 시퀀스가 빠른 몽타주처럼 연출된다. 수분을 추출하는 호스를 작동시키자마자, 시신에 남은 모든 수분을 제거할 수 있게 시신은 진공상태로 봉인된다.

수분이 얼마나 철저하게 추출되는지 보여주기 위해 각각의 장면이 별도로 촬영되었다. 펌프로 뽑아낸 수분은 필터를 거쳐 물주머니에 모인다. "이 장면은 종교적인 장례식처럼 보여야 합니다." 드니는 제작진에게 이 의식을 설명하며 이렇게 말했다. "시에치의 조명만큼 이 촬영장도 어두워야 하며,

예의를 다하는 분위기여야 합니다."

야미스의 몸에서 물을 뽑아내는 일을 종교인처럼 수행해야 하는 배우들에게는 이미 수천 번 똑같은 의식을 거행하면서 같은 동작을 반복한 사람들처럼 움직여야 한다고 설명했다. 드니는 물 감독관이 의식용 가면을 써야 하며, 이 가면의 소재는 "플라스틱과 스파이스의 기묘한 혼합물"이면 좋겠다고 말했다.

이 장면의 초기 버전에서는 의식 말미에 물 고리들이 폴에게 내밀어진다. 야미스의 물을 상징할 뿐만 아니라, 부족 내의 생존과 힘 또한 상징하는 고리들이다. 프레멘은 물이 모두에게 속한다는 집단적인 사고방식을 갖고 있지만, 그래도 이 고리 하나하나는 각각의 프레멘에게 지불해야 하는 물의 양을 나타낸다. 고리는 프랭크 허버트의 소설에 나오는 대로, 목걸이에 끼우는 동전 모양처럼 디자인되었다. "전체를 통틀어서 가장 마음에 드는 소도구 중 하나인걸. 정말 아름다워. 아주 시적이야." 드니는 고리들을 처음 손에 들었을 때 이렇게 말했다.

68쪽: 물 제거 의식을 묘사한 콘셉트 그림.

물 제거 과정(왼쪽 위 6컷), 물 감독관(왼쪽 아래), 물 고리(오른쪽 위 3컷), 프레멘 물주머니(오른쪽 가운데), 물 펌프(오른쪽 아래).

69쪽: 부다페스트에 지어진 망자의 방 세트 사진.

둥근 천장의 방

망자의 방 의식이 끝난 뒤 폴과 제시카는 첫 프레멘 식사를 대접받는다. "아주 진하고 물기 없는 오트밀처럼 생긴 음식이어야 합니다. 그 행성은 수분이 별로 없는 곳이니까요." 드니는 회의에서 이렇게 설명했다. 더그는 이 설명을 구현하기 위해 주황색 포리지를 만들었고, 말린 당근과 감초 뿌리를 이용해 스파이스 스낵 같은 모양을 냈다.

이 장면에는 신앙심 깊은 프레멘들이 등장하는데, 그들은 폴을 리산 알 가입이라고도 불리는 자기들의 메시아라고 믿는다. 방의 맞은편에 있는 챠니와 페다이킨 전사들은 구세주가 아니라 부족의 힘을 믿을 뿐이다. 당연히 폴도 믿지 않는다. 그들 중 시샤클리는 소설에서 스치듯 언급되는 인물에 불과하지만, 영화에서는 좀 더 의미 있는 역할을 한다. 원래는 젊은 남성으로 설정되어 있지만, 드니는 수일라 야쿠브를 캐스팅해 챠니의 절친한 친구로 만들었다.

둥근 천장의 방 장면은 프레멘 문화를 더 깊숙이 들여다볼 수 있게 해준다. 그들이 먹는 음식, 그들의 믿음, 생활방식 같은 것. 여기서 우리는 그들이 실내에서 입는 소박한 린넨 의류, 식사할 때 사용하는 소박한 그릇, 다용도 식기를 통해 스파르타적인 생활방식을 엿볼 수 있다. 드니는 식기에 대해 이렇게 말했다. "반은 포크, 반은 숟가락이어야 해요. 한 사람이 평생 동안 똑같은 식기를 사용합니다."

둥근 천장의 방 디자인은 제작과정 초기에 이미 도입되었다. "마치 랜턴 안에 들어와 있는 것처럼 벽을 통해 빛이 들어오게 할 수 있을 것 같은데." 파트리스가 내놓은 이 제안을 드니는 몹시 좋아했다. 햇빛을 흉내 낸 빛살들이 시에치를 따스한 집 같은 분위기로 만들어 줄 것 같아서였다. 그리그는 처음 만들어진 콘셉트 그림의 분위기를 재현하기 위해 정교한 조명장치를 만들었다. 이 둥근 천장의 방 세트는 나중에 더 금욕적인 분위기의 회의장으로 개조되었다. 제작진은 여러 개로 분산된 광원을 없애고, 머리 위에서 단 하나의 광선만 빛나게 했다.

72~73쪽: 둥근 천장의 방 내부 세트
사진.

73쪽 아래: 다양한 햇살을 표현하기
위해 총 48개의 광원이 사용되었다.

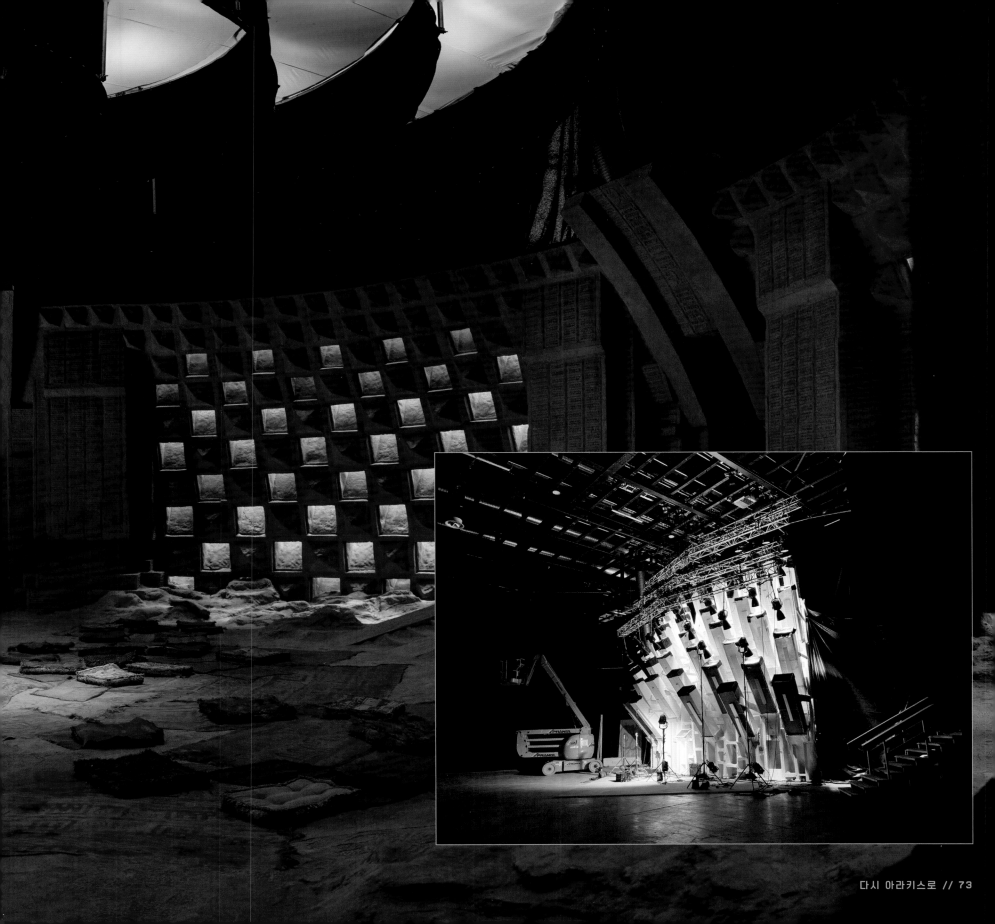

수많은 영혼

야미스의 물이 물주머니에서 신성한 저수지로 쏟아지고 있을 때, 스틸가와 제시카가 영혼의 저수지로 들어온다. 제시카는 엄청난 양의 물을 보고 당황한다. 이렇게 커다란 저수지를 채우는 데 얼마나 많은 생명이 필요했는지도 적나라하다. 멀리서 사람들이 물을 머리에 뿌리는 듯한 상징적인 동작을 하며 프레멘식 기도를 한다.

대본은 이 장소가 "수백만 갤런의 물이 있는 거대한 저수지"라고 소개한다. 돌을 복잡하게 깎아 만든 이 동굴은 소설 속에 워낙 거대하게 묘사되어 있기 때문에, 2600평방미터 규모의 실내 스튜디오에는 일부만을 표현할 수 있었다. 벽 두 개와 저수지 가장자리의 통로가 만들어졌다. 세트 한복판에는 약 45센티미터 깊이의 웅덩이가 있었는데, 이것이 어둠 속으로 이어지면서 나중에 시각효과로 저 멀리까지 연장되었다.

수면에 닿는 아라키스의 가혹한 햇살을 재현할 수 있을 만큼 강렬한 광원도 필요했다. 그리그는 이렇게 설명했다. "당시 우리가 만든 LED 조명이 십중팔구 그때까지 세상에 나온 것 중에 가장 강렬할 겁니다. 그런데도 고가(高架) 지게차에 장착할 수 있을 만큼 가벼웠어요." 그리그의 팀은 조명회사 크림소스와 함께 64개의 LED 보텍스 8 조명패널 그리드를 만들었다. "<1부> 때는 이런 메커니즘이 아직 발명되지 않았습니다. 코로나 봉쇄기간 중에야 간신히 가능해졌어요. 내가 영화에서 온전히 보텍스만 사용한 것은 이번이 처음입니다." 그리그의 말이다.

74~75쪽: 영혼의 저수지 콘셉트 그림.

75쪽 위: 영혼의 저수지에 있는 스틸가(하비에르 바르뎀)와 제시카(리베카 퍼거슨).

"프레멘들의 예언을 거처의 벽에 새기고
바닥에 썼습니다."

파트리스 베르메트, 프로덕션 디자이너

얄리

76쪽: 글자가 새겨진 돌 받침대 위의 프레멘 컵 두 개.

77쪽: 프레멘의 개인 거처인 얄리.

첫 번째 영화를 만들 때와 마찬가지로 드니는 실제 환경 속에서 작업하면서 《듄》의 세계를 화면에 생생히 되살리고 싶어 했다. 그가 영화의 규모를 더욱 확장했기 때문에, 결국 우리는 〈2부〉를 위해 40퍼센트 더 많은 세트를 짓게 되었다. "우리는 새로 디자인한 세트만 지었습니다." 파트리스의 구체적인 설명이다. 부다페스트의 오리고 스튜디오에서 우리는 방음 스튜디오 여섯 곳뿐만 아니라 백로트까지 차지했는데도 충분하지 않았다. 제작사는 부다페스트에서 전시장 두 곳을 추가로 빌렸다. "우리가 남긴 발자국의 크기가 31,600평방미터를 넘었습니다." 메리 페어런트는 이 영화의 규모를 이렇게 회상한다.

제작 초기에 파트리스는 〈1부〉에 나온 아라킨 레지던시처럼 타브르 시에치 세트 전체를 방음 스튜디오 한 곳에 여러 방이 연결된 형태로 짓자고 제안했다. 드니는 실제보다 더 큰 세트가 마음에 들었지만, 이번에는 별도의 세트를 여러 개 지어서 더 많은 선택권을 누리는 편을 택했다.

프레멘의 개인 거처인 얄리가 그런 경우였다. 이 세트는 헝엑스포 (HUNGEXPO)의 H 홀에 지어졌다. 처음 구상할 때부터 드니는 작고 친밀한 공간을 주장했다. 그는 이 목재 구조물이 지어지는 도중에도 그 안에 들어와 보고는 더 작게 만들 방법이 없냐고 물었다. 비용을 절약해서 이 목표를 이루는 방법은 똑같은 구조를 유지하되 벽을 두껍게 만들어 공간이 인물들을 문자 그대로 죄어들게 하는 것이었다.

말로의 방

혼의 저수지에서 스틸가와 대화를 나눈 끝에 제시카는 프레멘 대모가
는 시험을 치르기로 하고, 대모 라말로 앞에서 생명의 물을 받는다. 입술이
물에 닿자마자 그녀는 바닥에서 격렬히 몸을 뒤틀며 독에 중독되었음을
깨닫는다. "이 장면은 〈엑소시스트〉처럼 무서워야 합니다." 드니는 창작팀의
비회의에서 이렇게 설명했다. "대부분의 공포가 배우의 연기(演技)에서
올 겁니다." 리베카 퍼거슨은 감독의 의도 그대로, 악령에 씐 채 자신의
관을 타고 흐르는 독에 맞서 베네 게세리트의 능력을 총동원해 싸우는
한 모습을 연기했다.

세트의 천장은 접을 수 있는 형태로, 촬영 중에는 약 107센티미터 높이로
지되었다. 200년을 살아온 사람처럼 분장한 주시 메클리의 얼굴을
에서 내려온 빛이 비췄다. 이 실내 장면은 부다페스트에서 촬영되었다.
틸가가 밖으로 나와 기도하는 프레멘 신자들과 합류하는 모습은 3개월 뒤
르단에서 찍을 예정이었다.

요르단의 다벳 하눗이라는 촬영장소에는 피라미드 모양의 바위가 있었다.

그 피라미드 중에서 안쪽으로 우묵하게 들어간 곳에 □
방으로 들어가는 입구를 만들었다. 파트리스는 이렇게
쉬운 작업이 아니었습니다. 가짜 바위벽을 고정할 곳이
벽의 질감과 색을 진짜 바위에 맞춰야 했어요." 결국어
보이는 입구가 완성되어, 마치 그 입구가 처음부터 줄
것처럼 보였다.

드니가 이 장소를 택한 것은 모든 프레멘 문명으로
보이는 데다, 하얀 바위가 강렬한 햇빛을 밝게 반사하
장소는 또한 프레멘 내부의 종교적 분열을 표현하기 위
제시해 주었다. 드니는 한쪽에 기도하는 신자들과 스
다른 한쪽에서는 챠니가 젊은 페다이킨 전사들과 함께
하게 했다. 그들은 모두 레이디 제시카가 독을 감당하
살아남을지 결과를 기다리는 중이었다.

"이 세트에 관한 걱정거리 중 하나는
촬영 중에 편안해야 한다는 점이었습니다.
보기에는 돌바닥 같아도,
상당 부분이 고무로 만들어졌습니다."

파트리스 베르메트, 프로덕션 디자이너

80쪽 위: 배우 리베카 퍼거슨.

80쪽 아래: 생명의 물.

81쪽: 라말로의 방에서 촬영 중인 제작진.

82쪽: 요르단 다벳 하늣에서 촬영 중인 모습.

83쪽 위: 라말로의 방 외부 콘셉트 그림.

83쪽 가운데: 시샤클리(수일라 야쿠브)와 챠니(젠데이아).

83쪽 아래: 드니 빌뇌브 감독과 배우 하비에르 바르뎀.

84쪽: 수일라 야쿠브가 연기하는 시샤클리와 동료 페다이킨.

85쪽 아래: 프레멘이 수분을 포획하려고 사용하는 바람덫.

85쪽 오른쪽: 요르단 새 바위에서 촬영 중인 티모테 샬라메와 젠데이아.

요르단 로케이션

드니는 〈2부〉가 영화로서 〈1부〉와는 완전히 다른 경험을 선사하게 만들어야 한다고 강력히 주장했다. 그래서 스물네 곳의 장소를 새로 선정해서 프레멘 세계를 시각적으로 확대했다. 그중 한 곳이 아카바시에서 약 45분 거리인 토요일밤 협곡이라는 곳이었다. 우리가 이 긴 천연 협곡 안에 들어서자 양편에서 바위벽이 머리 위로 높이 솟아올랐다. 이보다 더 몰입할 수 있는 곳은 없을 것이다.

우리는 요르단 남부에서 와디 룸 사막과 그 너머까지 많은 지역을 탐사했다. 한 곳에 멈출 때마다 드니는 파트리스, 그리그와 함께 차에서 내려 그 장소의 특정한 바위, 모래언덕, 개펄이 어떤 장면에 가장 좋을지 의논했다. 폴 램버트는 항상 핵심 탐사팀의 일원으로 참가해, 시각효과로 그 장소를 어떻게 강화시킬 수 있을지 가늠해 보았다. 태양의 방향과 해당 장소의 접근성이 촬영할 수 있는 자리를 결정할 기준이 될 때가 많았지만, 그보다 더 중요한 것은 그 장소와 이야기가 맞아 떨어진다는 확신을 드니가 느껴야 한다는 점이었다.

새 바위

새 바위는 표면이 부드러운 하얀색 암반지형으로, 우리가 가본 어느
장소와도 달랐다. "바위 색깔이 마음에 들었어요." 드니는 그곳을 처음
보고 이렇게 말했다. "다른 세상 같았습니다. 또한 부드럽기도 하다는
점이 내 마음을 움직였습니다."

여기서 우리는 '새들의 동굴' 외부 풍경을 찍었다. 그래서 '새 바위'
라는 이름이 붙었다. 천연 바위와 부다페스트에 세워진 12미터 크기의
세트가 합쳐져서 등장인물들이 소설 속 동굴로 걸어 들어가는 환상이
창조되었다.

군용 헬리콥터가 바위 꼭대기에 0.5톤짜리 바람덫 세 개를
내려놓았다. 프레멘의 생존에 필수불가결한 기술제품인 바람덫은
프랭크 허버트가 《듄》에서 처음 소개하면서, 프레멘들이 바람 속 수분을
모으려고 사용하는 장치라고 설명한 바 있다. 영화에 등장하는 바람덫은
스스로 그물 모양의 거미줄을 짜는 거미에게서 영감을 얻어 제작되었다.
파트리스는 이 장치에 대해 다음과 같이 설명했다. "바람덫은 기존의
기술을 기반으로 합니다. 그물이 대기 중의 수분을 포착해 물방울로
만들면, 그것이 바람덫의 배, 즉 거미의 배 밑으로 똑똑 떨어지게 되죠."

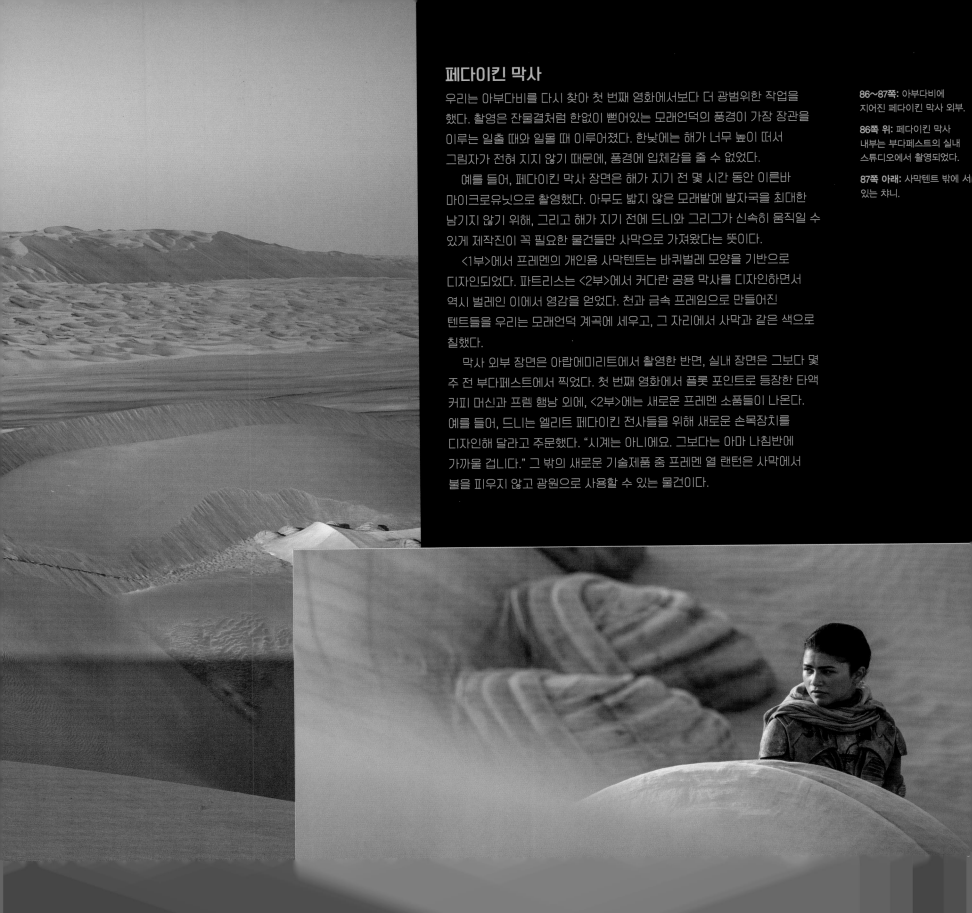

페다이킨 막사

우리는 아부다비를 다시 찾아 첫 번째 영화에서보다 더 광범위한 작업을 했다. 촬영은 잔물결처럼 한없이 뻗어있는 모래언덕의 풍경이 가장 장관을 이루는 일출 때와 일몰 때 이루어졌다. 한낮에는 해가 너무 높이 떠서 그림자가 전혀 지지 않기 때문에, 풍경에 입체감을 줄 수 없었다.

예를 들어, 페다이킨 막사 장면은 해가 지기 전 몇 시간 동안 이른바 마이크로유닛으로 촬영했다. 아무도 밟지 않은 모래밭에 발자국을 최대한 남기지 않기 위해, 그리고 해가 지기 전에 드니와 그리그가 신속히 움직일 수 있게 제작진이 꼭 필요한 물건들만 사막으로 가져왔다는 뜻이다.

<1부>에서 프레멘의 개인용 사막텐트는 바퀴벌레 모양을 기반으로 디자인되었다. 파트리스는 <2부>에서 커다란 공용 막사를 디자인하면서 역시 벌레인 이에서 영감을 얻었다. 천과 금속 프레임으로 만들어진 텐트들을 우리는 모래언덕 계곡에 세우고, 그 자리에서 사막과 같은 색으로 칠했다.

막사 외부 장면은 아랍에미리트에서 촬영한 반면, 실내 장면은 그보다 몇 주 전 부다페스트에서 찍었다. 첫 번째 영화에서 플롯 포인트로 등장한 타액 커피 머신과 프렘 행낭 외에, <2부>에는 새로운 프레멘 소품들이 나온다. 예를 들어, 드니는 엘리트 페다이킨 전사들을 위해 새로운 손목장치를 디자인해 달라고 주문했다. "시계는 아니에요. 그보다는 아마 나침반에 가까울 겁니다." 그 밖의 새로운 기술제품 중 프레멘 열 랜턴은 사막에서 불을 피우지 않고 광원으로 사용할 수 있는 물건이다.

86~87쪽: 아부다비에 지어진 페다이킨 막사 외부.

86쪽 위: 페다이킨 막사 내부는 부다페스트의 실내 스튜디오에서 촬영되었다.

87쪽 아래: 사막텐트 밖에 서 있는 챠니.

차콥사어

프랭크 허버트가 차콥사라고 명명한 가상의 프레멘 언어를 <2부>에서 더 발전시킬 필요가 있었다. 소설에 나온 차콥사 말과 글을 기반으로 <1부>에서 차콥사어 대사를 번역하는 작업을 했던 언어학자 데이비드 J. 피터슨이 <2부>에 다시 합류했으나, 이번에는 제시 샘스가 그와 함께했다. 두 번째 영화에서는 훨씬 더 많은 차콥사어가 필요했기 때문이다. 두 사람은 차콥사어의 발음을 문자로 옮기는 데서 그치지 않고 배우들을 위한 오디오 파일도 만들었다.

따라서 배우들은 영어뿐만 아니라 차콥사어로도 자신의 대사를 외워야 했다. 더구나 모국어를 말하듯이 발음해야 했기 때문에, 방언 코치 파비앵 강잘리크가 합류해 차콥사어 발음에 진짜 같은 느낌을 불어넣었다. 그는 촬영장에서 이렇게 설명했다. "드니는 차콥사어가 연기에 방해가 되는 걸 원하지 않습니다. 내 임무는 발음이 진짜처럼 들리게 하는 겁니다. 그러니까 균형을 제대로 잡는 게 중요해요."

데이비드와 제시는 가상의 어휘와 문법을 이용해서 차콥사어에 시적인 느낌을 부여했다. 파비앵은 이렇게 말했다. "내가 특히 좋아하는 구절이 하나 있어요. 차콥사어로 '당신 미쳤어'라는 뜻의 표현인데, 발음은 '자이하시 렉' 이고 직역하면 '너 모래를 마신다!'가 됩니다. 아라키스에서 모래를 마시는 건 미친 짓일 테니, 말이 되는 표현이죠."

데이비드는 이 문화 속으로 깊이 빠져들면서, 차콥사어에서 흔하게 쓰이는 표현들을 목록으로 정리해 드니에게 제공했다. 촬영 중에 어떤 장면이나 대사를 즉흥적으로 넣고 싶을 때 사용하라는 뜻이었다. 이 목록에는 기본적인 단어들이 포함되었다. 예를 들어, 아라키스를 여행하는 사람이 '안녕하세요'라고 인사하고 싶다면, 차콥사어로 '사 파들라'라고 말하면 된다.

38쪽: 타브르 시에치의 널찍한 회랑.

39쪽: 시에치 벽에 새겨진 차콥사어 문자들.

영어	차콥사어	발음	표기
Hello/Hi	Sa fadla	sa FAD-la	⸌⸍⸌⸍⸒⸌⸍
Goodbye	Saya lehiiz	SA-ya le-HIIZ	⸌⸍⸌⸍⸌⸍⸌⸍⸌
Please	Ru cheshah	ru CHE-shah	⸌⸍⸌⸍⸌⸍
Yes	Charra	CHAR-ra	⸌⸍⸌⸍
No	Ats	ATS	⸌⸍⸌⸍
Thank You	Fadilii rush	FA-di-lii RUSH	⸌⸍⸌⸍⸌⸍⸌
You're Welcome	Hu nifrii	hu NUF-rii	⸌⸍⸌⸍⸌
Let's Go	Ogra	OG-ra	⸌⸍⸌⸍

VILLAIN TERRITORY

악당의 땅

게임의 시작

드니는 <2부>를 통해 아라키스 행성의 삶을 한층 더 폭넓게 보여주는 한편, 지에디 프라임의 건축, 문화, 기술도 더 깊이 탐구해 보고 싶어 했다. 하코넨 가문의 고향 행성인 지에디 프라임은 힘과 쇼맨십을 드러내며 우리를 환영해 준다. 블라디미르 하코넨 남작이 가장 어린 조카이자 후계자를 위해 특별한 이벤트를 준비한 경기장에서.

이 장면에 대한 토론은 잔인하고 사악한 페이드 로타 하코넨 역을 어느 배우가 맡을지 정해지기 훨씬 전부터 시작되었다. 먼저 드니는 영화 속에서 경기장 장면을 하루 중 어느 때에 배치할 것인지 결정해야 했는데, 결국 낮 시간 쪽으로 마음이 기울어졌다. 제작진이 머리에 떠오르는 생각을 모두 쏟아내서 토론하던 초기 대화에서 드니는 이렇게 말했다. "밤 시간으로 잡으면 너무 미식축구경기처럼 보일 것 같아요." 그러자 파트리스가 말을 거들었다. "<프라이데이 나잇 라이츠>(1988년 미국 텍사스 퍼미안 고등학교 미식축구부에서 실제 있었던 이야기를 다큐멘터리 스타일로 만든 영화- 옮긴이)처럼 말이죠."

그다음 단계는 촬영장소를 정하는 일이었다. 다양한 요소를 통제할 수 있는 실내 스튜디오에서 촬영할 것인가? 아니면 야외에서 자연광으로 촬영할 것인가? 그리그가 의견을 내놓았다. "야외에서 촬영하면 화면이 더 좋게 나올 뿐만 아니라, 더 사실적인 느낌을 살릴 수 있을 겁니다." 이 주장에 크게 무게가 실린 것은, 이 장면을 가상 환경에서 촬영할 예정이었기 때문이다. 커다란 경기장을 세트로 지을 수는 없었다. 따라서 컴퓨터 그래픽으로 만들어 낸 배경 속에서도, 어떻게든 화면에 진정성을 불어넣는다면 액션이 더 유기적으로 마음에 와 닿을 터였다.

관객이 낮 시간의 지에디 프라임을 보는 것은 이 장면이 처음이었다. <1부>는 이 행성의 밤 풍경만을 보여주었다. 드니는 태양을 흑백으로 만들면 어떻겠느냐고 제안했다. 모든 조명에 영향을 미칠 제안이었다. "햇빛이 색깔을 죽이는 행성이 될 겁니다." 그가 이런 제안을 내놓은 것은, 그 무엇도, 심지어 색깔조차도 이 행성에서는 번성하지 못한다는 점을 분명히 보여주기 위해서였다.

경기장 건물은 첫 번째 영화에서 하코넨 건물들을 플라스틱으로 만들 때와 같은 생각을 바탕으로 디자인되었다. 대본에 따르면, 이 새로운 구조물에는 아주 높은 곳에서 저 아래의 군중과 싸움을 내려다보는 남작의 박스석이 포함되어 있다. "하코넨 행성의 민간인들은 어떤 모습일까요?" 재클린은 관중석에 합성될 수만 명의 디지털 인간들에 대해 이런 질문을 던졌다. 드니는 그들이 남녀를 막론하고 비슷한 체형에 비슷한 스타일의 옷을 입은 균일한 집단이라고 설명했다. "노스페라투(흡혈귀의 별칭 중 하나-옮긴이) 무리처럼 말이죠." 그는 이렇게 덧붙였다.

90~91쪽: 지에디 프라임에 있는 하코넨 궁전의 콘셉트 그림.

92~93쪽: 경기장 외부의 최종 콘셉트 그림.

94쪽 위: 경기장의 콘셉트 그림.

94쪽 아래: 하코넨 남작의 시점에서 본 경기장.

95쪽: 경기장 탑 꼭대기에 있는 남작의 박스석.

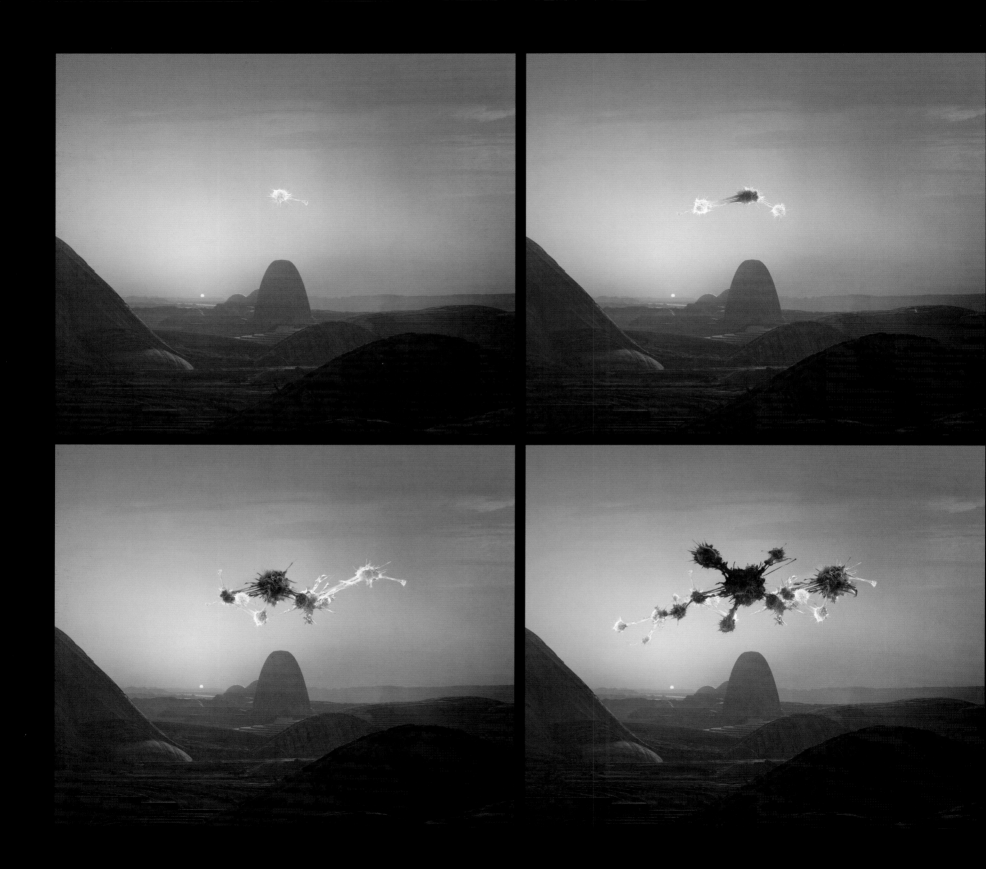

네거티브 불꽃놀이

이 영화에서 디자인하기에 가장 힘들었던 요소 중 하나는 지에디 프라임 불꽃놀이였다. 드니는 지금껏 우리가 한 번도 본 적이 없는 축제의 불꽃을 원했다. 그러면서 자신이 구상한 개념을 '네거티브 불꽃놀이'라고 묘사했다. 그가 머릿속에 품은 이미지를 그림으로 표현하기 위해 여러 달에 걸쳐 시각적 참고자료가 만들어졌으나 그는 모두 퇴짜를 놓았다. 후반작업이 시작된 뒤 어느 날 시각효과 프로듀서 브라이스 파커가 극성(極性) 알코올 용해제에 무극성 소수성(疏水性) 잉크가 추가될 때의 효과를 보여주는 영상, 즉 간단히 말해서 맑은 알코올에 잉크가 방울방울 떨어지는 영상을 드니에게 보여주었다. "내가 생각하던 이미지랑 아주 비슷해!" 드니는 잉크 방울들이 액체 속에서 독특한 모양으로 퍼지는 것을 보고 이렇게 외쳤다.

96~97쪽: 지에디 프라임의 불꽃놀이를 묘사한 초기 콘셉트 그림.

생일을 맞은 청년

98쪽: 오스틴 버틀러가
페이드 로타로 변신하는
데에는 대머리 모자와 검은
치아가 필요했다.

99쪽: 격투를 준비하는
페이드 로타.

페이드 로타 하코넨의 충격적인 실루엣이 검투사의 방에 등장한다. 그는
생일을 축하하는 검투를 준비 중이다. "온몸에 검은 플라스틱 액체를 바르는
것은 하코넨의 의식 중 일부입니다." 드니는 경기장 싸움을 앞두고 벌어지는
이 행사의 의미를 이렇게 구체적으로 설명했다. 검투에 사용할 칼이 검사를
위해 앞에 놓였을 때, 피에 굶주린 페이드는 아무렇지도 않게 시종들을 죽여
비정상적인 정신상태를 드러낸다.

오스틴 버틀러는 〈엘비스〉 촬영을 마친 직후 페이드 로타로
캐스팅되었다. 그가 맡은 이 두 역할은 서로 달라도 그렇게 다를 수가
없었다. 전설적인 록큰롤의 왕을 연기한 그가 이제는 잔인하고 카리스마
있는 남작의 조카로 변신해야 했다. 드니는 대머리와 검은 치아를 포함해서
오스틴이 처음으로 분장한 모습을 봤을 때, 폴 아트레이데스의 메시아
여정과 완벽한 대조를 이룰 어둠의 인물을 찾아냈음을 깨달았다.

"캐스팅에는 항상 도박적인 요소가 있어요." 드니는 젊은 하코넨 페이드
로타 역에 딱 맞는 배우를 찾아낸 것과 관련해서 이렇게 말했다. "소설에서
이 인물은 극도로 유혹적으로 그려집니다. 그는 어여쁜 조카예요. 따라서 그
모습이 물리적으로 드러난 것을 보고 나는 몹시 들떴습니다. 강렬한 페이드
로타를 찾았구나, 하고." 오스틴의 연기가 그의 변신을 완성했다. 카메라
앞에 설 때까지 그는 몇 달 동안 훈련과 연습을 거치며 빠르고 정확한 무술
동작을 준비했다.

"무엇보다 정확히 표현해야 하는 것은 바로 사악함입니다." 드니는 이렇게
지적했다. "이 인물은 자유로워서 좋겠다고 남들이 부러워하는 사람이
되어야 합니다. 그는 혼돈의 프리즘으로 세상을 보는 판타지예요. 이것이
이야기의 근본입니다."

매일 촬영 전에 오스틴의 몸에 인공 보형물을 부착하고 분장해서 그를
페이드로 변신시키는 데에는 두 시간 반이 걸렸다. 그는 주문제작 한
대머리 모자를 써서 풍성한 머리카락과 눈썹을 감췄다. "모자 전체가 미리
제작되었습니다." 보형물 전문가로 파트너 에바 폰 바르와 함께 일하는
루베 라르손은 이렇게 설명했다. "우리는 골격이 더 도드라지게 두피 캡을
제작해서 그를 좀 더, 글쎄요, 하코넨처럼 보이게 만들었습니다." 그는
웃음을 터뜨렸다.

"페이드 로타의 갑주에 장착할 방어막이 따로 디자인되었다. 이 장치는 소설과 첫 번째 영화에서 느리게 움직이는 칼날에만 뚫렸던 방어막과 같은 원리로 검격을 막아준다."

100쪽 왼쪽, 가운데 위, 오른쪽: 재클린 웨스트가 그린 페이드 로타 의상의 초기 디자인. "나는 실크로 만들어진 양성(兩性)적인 실루엣을 생각했습니다."

100쪽 가운데 아래: 페이드의 방어막 장치.

101쪽: 검투사의 방에서 무기 전문가(앨런 메디자데)와 함께 있는 페이드 로타(오스틴 버틀러).

SF 던전

<2부>에 등장하는 검투사의 방과 노예의 방은
경기장의 우묵한 곳에 숨겨진 SF 중세 던전처럼
보인다. 드니가 부다페스트에 있는 이 세트에 처음
가봤을 때에는 아직 세트가 지어지는 중이었다.
파트리스는 페이드 로타의 방으로 함께 걸어
들어가며, 컬링 스톤의 모양에 착안해서 이 방을
만들었다고 설명했다. 그 덕분에 아주 낯설게
느껴지는 이 방의 모습이 페이드의 악마 같은 성격과
그의 '달링들'에게 잘 맞았다. 드니는 대본에서
'달링들'을 '하피들'이라고 지칭했다.

경기장 장면에 등장하는 무기 전문가, 노예
감독관, 경기 감독관의 의상은 드니가 처음에 제시한
간결한 설명을 바탕으로 디자인되었다. 그는
"곤충 같고, 가학적이고, 차갑고, 유혹적인 의상"
을 주문했다. 간단히 말해서 그는 <1부>에서 죽은
하코넨의 멘타트 파이터 드 브리즈의 의상 분위기가
반영되기를 원했다.

102쪽: 페이드 로타가 거쳐가는 검투사의 방 디자인은 컬링 스톤의
모양에서 영감을 얻었다.

102쪽 아래: 하피라고 불리는 페이드의 수행원들.

103쪽: 격투가 벌어지기 전에 한 포로(즈데네크 드보르자체크)를 제압해
약을 먹이고 있다.

페이드 로타가 경기장으로 걸어 나오자, 피를 기대하는 하코넨 사람들이 영웅을 본 듯 그를 환영한다. 아트레이데스 가문의 마지막 생존자라고 알려진 세 사람, 아라키스에서 생포된 그 세 사람이 한 명씩 차례로 경기장에 끌려나와 학살당할 예정이다. 하지만 문제가 발생한다. 세 포로 중 한 명이 다른 두 명과 달리 약에 취하지 않고 똑바로 걸어나온 것이다. 우리는 첫 번째 영화에서 그를 보았음을 알아차린다. 그는 랜빌이다.

우리는 부다페스트가 혹서에 시달리던 때에 야외에서 이 장면을 촬영했다. 첫 번째 영화 때와 마찬가지로, 두 방음 스튜디오 사이의 주차장을 가상 환경으로 바꿔놓았고, 하늘이 트인 환경을 연출하기 위해 네 개의 벽으로 그 공간을 둘러쌌다. 그리고 나중에 컴퓨터 그래픽으로 경기장 모습을 입힐 수 있게 벽을 회색으로 칠했다. 마지막으로, 싸움이 벌어질 경기장 바닥에 하얀 모래를 두껍게 깔았다.

이 세트에 서있으면, 시각적으로 기준이 될 만한 것이 전혀 없어서 영화에 묘사될 건축물의 규모를 짐작할 수 없는 회색 상자 안에 들어온 것 같았다. 이 시퀀스의 장면 하나하나를 준비하기 위해서는, 페이드 로타가 서있는 자리와 남작의 박스석의 상대적 위치는 물론, 레이디 펜링과 남작이 함께 그를 지켜보는 베네 게세리트 박스석과의 상대적 위치도 계산할 필요가 있었다.

자연광에 의존해야 한다는 점도 일을 복잡하게 만든 요소 중 하나였다. 싸움의 특정 장면은 직사광선 아래에서, 다른 장면은 그늘에서 촬영해야 장면들이 자연스럽게 이어지기 때문이었다. 사전작업 때 그리그는 언리얼

엔진을 이용해서 이 야외 촬영장을 3차원으로 구현한 다음, 하루 종일 태양이 움직이는 경로를 세심하게 계산했다. 촬영 중에 이 정도로 세세하게 신경을 쏟은 덕분에 관객들이 현실적인 문제에 정신이 쏠리지 않고 그냥 몰입할 수 있는 장면이 만들어졌다.

이 장면을 흑백으로 잡는 것도 보기보다 더 복잡했다. 항상 혁신의 기회를 찾는 그리그는 여러 해 전부터 적외선 기술을 이용하는 아이디어를 머릿속으로 굴리고 있었는데, 드니가 말한 '햇빛이 죽여버린 색깔들'을 표현하는 데 이 기술이 적절할 것 같았다. 그리그는 촬영장에서 이렇게 설명했다. "우리는 일반 카메라를 사용하되, 적외선(IR) 필터를 제거했습니다. 그러면 색다른 분위기의 화면이 만들어지죠. 피부가 아주 반투명해져서 마치 안에서부터 빛나는 것처럼 보입니다. 내가 보기에 매력적이에요. 이 햇빛은 기본적인 태양빛과는 다른 분위기를 띱니다."

처음 카메라 테스트를 할 때 우리는 천과 질감이 적외선 기술에 우리의 직관과는 반대되는 결과를 내놓는 것을 관찰했다. 육안으로 볼 때는 검은색인 천 조각이 화면에서도 반드시 그렇게 보이지는 않았다. 의상 담당자들이 해결해야 할 과제가 하나 더 생긴 셈이었다. "우리는 화면에 등장하는 모든 천을 일일이 시험해 봐야 했어요." 재클린은 이렇게 회상했다. "그 카메라 앞에 천을 들어올려 검은색으로 보이는지 하얀색으로 보이는지 확인했습니다." 검은색과 흰색 중 드니가 화면에서 원하는 색을 기준으로 의상 일부를 다시 제작해야 했다.

랜빌과 피카도르

랜빌은 첫 번째 영화에서 레토 아트레이데스 공작이 지휘하는 부대의 일원이었다. 로저 위안이 연기하는 그는 하코넨의 아라키스 공격 때 살아남아, <2부>에서 포로의 신분으로 지에디 프라임에 끌려온다. 드니는 페이드 로타가 기다리는 경기장으로 걸어나올 때 랜빌의 마음에 대해 이렇게 설명했다. "그는 죽음만이 유일한 탈출구라는 걸 알고 있습니다. 자신의 존엄성을 지키기 위해 그는 싸움에서 엄청난 용기를 보여줍니다."

아트레이데스 가문 출신으로 이제 노예가 된 랜빌은 하코넨의 잔인함을 강조하기 위해 셔츠도 입지 못하고 상반신을 드러낸 채 경기장에서 피부를 잔인하게 꿰뚫는 반데릴라(투우에서 소의 목을 찌르는 창-옮긴이)로 공격당한다. 드니는 투우 경기와 똑같이 피카도르(기마 투우사-옮긴이)의 실루엣이 투사들 주위를 빙빙 돌아야 한다고 주장했다. 그들의 의상에는 독특한 모양의 머리장식이 포함되어 있는데, 디자인팀은 여러 차례 시도한 끝에 결국 처음 스케치한 대로 이 모자를 만들었다.

106쪽: 장교 랜빌로 분한 로저 위안.

107쪽 위: 투우에서 사용되는 창인 반데릴라 등 피카도르의 무기들.

107쪽 아래: 피카도르 역을 맡은 배우가 부다페스트의 세트에 서있다.

왼쪽: 3D 장비로 두 종류의
영상을 찍었다. 하나는
색상으로, 하나는 IR로.

위쪽: 인물들이 지에디
프라임의 햇빛에 노출되면
화면이 컬러에서 적외선
화면으로 바뀐다.

암흑의 프린스 1

여전히 지에디 프라임의 최고 지도자로 군림하고 있는 블라디미르 하코넨 남작은
첫 번째 영화에서 레토 공작이 가짜 치아에 담아온 독가스 때문에 몸이 약해져서
영원히 회복할 수 없는 상태다. 남을 지배하려 드는 성격은 사라지지 않았지만,
이제는 새로운 기술의 도움이 있어야만 일상을 이어나갈 수 있다. 몸을 공중에
띄우기 위해 척추에 부양장치를 박아 넣었을 뿐만 아니라, 힘들이지 않고 이동하기
위해 반중력 옥좌를 이용한다.

스텔란 스카스가드는 촬영을 할 때마다 변신에 얼마나 많은 시간이 드는지
이미 아는 상태에서 블라디미르 하코넨 역을 다시 맡았다. 그러나 보형물
담당자들이 <1부>의 경험 덕분에 변신 과정 중 몇 시간을 덜어낼 수 있어서, 그는
분장용 의자에 예전처럼 예닐곱 시간이 아니라 네다섯 시간만 앉아있으면 되었다.
이번에 루베 라르손과 에바 폰 바르는 몸이 약해져서 더 늙고 피곤해 보이는
남작의 모습을 창조해야 했다. 또한 온몸에 부착하는 보형물에 공중 부양장치도
포함시킬 필요가 있었다. 이 장치가 첫 번째 영화에서는 시각효과로 표현되었기
때문에, 그들에게는 이것이 새로운 과제가 되었다.

남작이 어디를 가든 항상 따라다니는 대형 호흡장치도 있었다. 두 개의 구가
투명한 튜브로 그와 연결되어, 그의 상한 폐를 돕는다. 두 개의 구 중에서 작은
것은 남작이 숨을 쉴 때마다 부풀어 오르고, 큰 것은 계속 이완과 수축을 반복하는
섬세한 피스톤을 담고 있다.

남작의 박스석과 베네 게세리트 박스석은 같은 세트에서 IR 카메라와 일반 카메라로 이루어진 3D 장비로 촬영되었다. 그리그는 이렇게 설명했다. "두 카메라의 영상을 조합해서, 적외선 장면이 어느 시점에 사라지고 그다음부터는 쭉 컬러 화면이 나오게 하려고 이런 기술을 사용했습니다." 지에디 프라임의 태양이 실내에서는 색깔에 영향을 미치지 않는다는 점을 화면으로 표현하는 것이 그들의 목적이었다. 등장인물이 창문으로 가까이 다가가면 색이 점점 흐려지면서 적외선 화면으로 바뀐다. 이렇게 두 종류의 카메라를 사용한 덕분에, 후반작업을 할 때 이런 변화가 일어나는 시점을 더 유연하게 결정할 수 있었다.

110쪽: 개인실에 있는 남작과 페이드 로타를 야닉 뒤솔트가 묘사한 초기 콘셉트 그림.

111쪽: 남작의 호흡장치와 반중력 옥좌를 그린 초기 스케치.

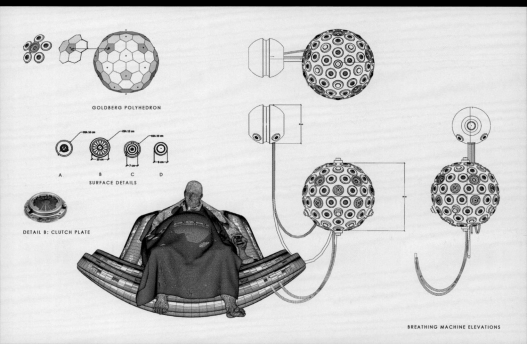

GOLDBERG POLYHEDRON

SURFACE DETAILS

DETAIL B: CLUTCH PLATE

BREATHING MACHINE ELEVATIONS

레이디 펜링

페이드 로타는 자신의 생일을 축하하는 데에는 아무 관심 없이 생각에 잠긴 채 궁전의 복도를 걷는다. 바깥에서 벌어지는 불꽃놀이의 번쩍이는 불빛이 복도를 흠뻑 적시고 있다. 다른 사람의 존재를 감지한 그의 앞에 망토를 걸친 사람이 나타나자 그는 칼로 그 사람의 목을 겨눈다. 그러나 그 사람 레이디 펜링은 전혀 당황하지 않고 마치 최면을 걸 듯이 페이드 로타를 이끌어, 궁전에서 그가 가본 적이 없는 손님용 별궁으로 데려간다.

하코넨의 젊은 유망주인 페이드 로타를 만나기 위해 지에디 프라임으로 파견된 신비로운 베네 게세리트 자매 펜링 역에는 프랑스 배우 레아 세두가 캐스팅되었다. "레이디 마거트 펜링은 베네 게세리트의 비밀요원과 같아요. 영화가 진행되면서 그녀가 강력하고 위험한 인물임을 알게 됩니다." 드니의 설명이다.

펜링과 페이드가 걷는 거대한 복도는 초기 콘셉트 그림에 전체 모습이 묘사되어 있지만, 크기가 워낙 커서 실제로는 일부만 세트로 지어졌다. 9미터 높이의 커다란 기둥들 사이로 두 인물의 모습이 보이는데, 제작진은 고래 뼈를 닮은 이 기둥들을 실내 스튜디오에 세워서 손으로 색칠했다.

이동이 가능한 이 기둥들을 어느 위치에 놓을지 결정하는 일 같은 상세한 문제를 해결할 때, 몰입형 소프트웨어인 언리얼 엔진이 다시 게임 체인저 역할을 했다. 그리그는 렌즈의 종류를 기준으로 카메라와 광원의 위치를 결정할 때 줄곧 이 3D 소프트웨어를 아낌없이 이용했다. 물론 드니가 원하는 장면을 연출할 때도 예외가 아니었다.

지에디 프라임의 하늘을 수놓은 불꽃놀이 효과가 이제 실내에도 나타날 것이다. 드니는 불꽃이 폭발할 때 어떤 종류의 빛이 발산될지 아직 모르는 상태에서, '발작적인 강렬함'을 주문했다. 그러면 불꽃놀이가 '반(反)광선'처럼 보일 것이라고. 그리그는 복도 양편에 LED 패널을 배치해, 물속에서 헤엄치는 해파리 같은 시각적 참고자료를 바탕으로 빛의 패턴을 생성했다. 그리그는 이렇게 말했다. "그것은 이례적인 작업이었습니다. 이 빛의 시퀀스를 프로그램 하기가 까다로웠죠. 그냥 한 지점에서 번쩍거리는 것이 아니라, 정확한 방향을 따라가야 했거든요."

"그렇게 번득이는 불빛이 이 장면 전체에 깔려있어요." 드니가 레아 세두, 오스틴 버틀러와 함께 이 장면을 어떻게 연출했는지 설명하면서 한 말이다. "최면에 걸린 것 같은 분위기가 흐르면서, 두 인물의 주변 환경이 시야에서 사라집니다. 그러다 갑자기 페이드는 자신이 완전히 다른 장소에 와있음을 깨닫게 되죠." 펜링이 페이드에게 주문을 걸면서, 그의 옆에 떠있던 발광구가 수수께끼처럼 사라졌다가 그의 인지력이 회복된 뒤에야 다시 나타나는 모습은 이 장면의 몽롱한 느낌에 일조했다.

손님용 별궁

114~115쪽: 지에디 프라임
궁전 복도를 묘사한 초기
콘셉트 그림.

114쪽 아래: 부다페스트의
세트에서 촬영 중인 레아
세두와 오스틴 버틀러.

레이디 펜링은 페이드가 무엇에 당했는지 알아차리기도 전에 그를 자신의
침실로 끌어들여 그가 거절할 수 없는 시험을 제시한다. 첫 번째 영화에서
폴 아트레이데스의 목숨을 위협했던 곰 자바 바늘이 이제 그의 목에서 몇
밀리미터 거리에 있다. 그러나 이 시험은 그의 목숨을 앗아가지 않고, 오히려
새로운 삶의 시작이 될 것이다.

거미가 다리로 붙잡고 있는 알에서 이 방의 화려한 디자인 아이디어를
얻었다는 점이 잘 어울린다. 드니는 이 세트뿐만 아니라, 침대보의 천이 마치
고무처럼 보이게 만들어진 것도 몹시 좋아했다. 지에디 프라임 디자인의
모든 요소가 이 행성의 억압적이고 두려운 분위기를 만들어 내는 데
일조했으며, 하코넨 가문의 생활방식과 문화를 상세히 보여주었다.

"레이디 펜링이 묵는 침실 디자인은 거미가 다리로 말을 붙잡고 있는 상상에서 출발했습니다."

파트리스 베르메트, 프로덕션 디자이너

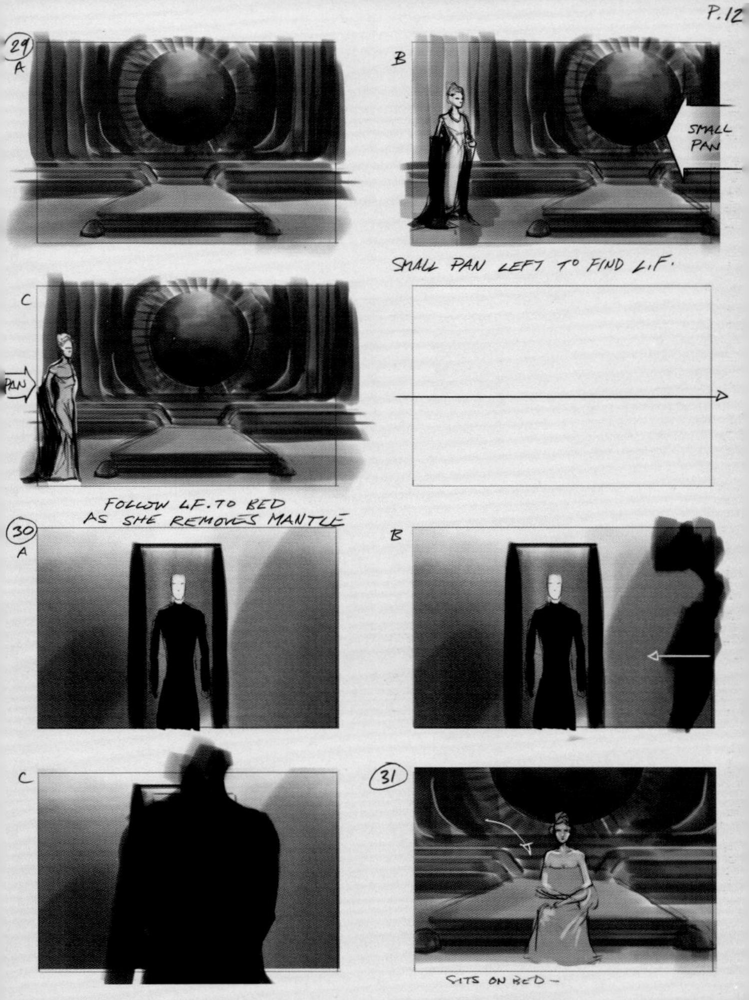

29 A

B

SMALL PAN

SMALL PAN LEFT TO FIND L.F.

C

PAN

FOLLOW L.F. TO BED
AS SHE REMOVES MANTLE

30 A

B

C

31

SITS ON BED —

"오늘 아침에 넌
두려움과 시기의 대상인 플레이보이였지.
오늘 밤에는 영웅이 될 것이다.
내가 주는 선물이야."

블라디미르 하코넨 남작

118~119쪽: 지에디 프라임 의식탑의 초기
콘셉트 그림.

118쪽 위: 남작(스텔란 스카스가드)이 페이드
로타(오스틴 버틀러)에게 아라키스를 봉토로
수여하고 있다.

120~121쪽: 지에디 프라임에서 벌어지는
하코넨 열병식의 콘셉트 그림.

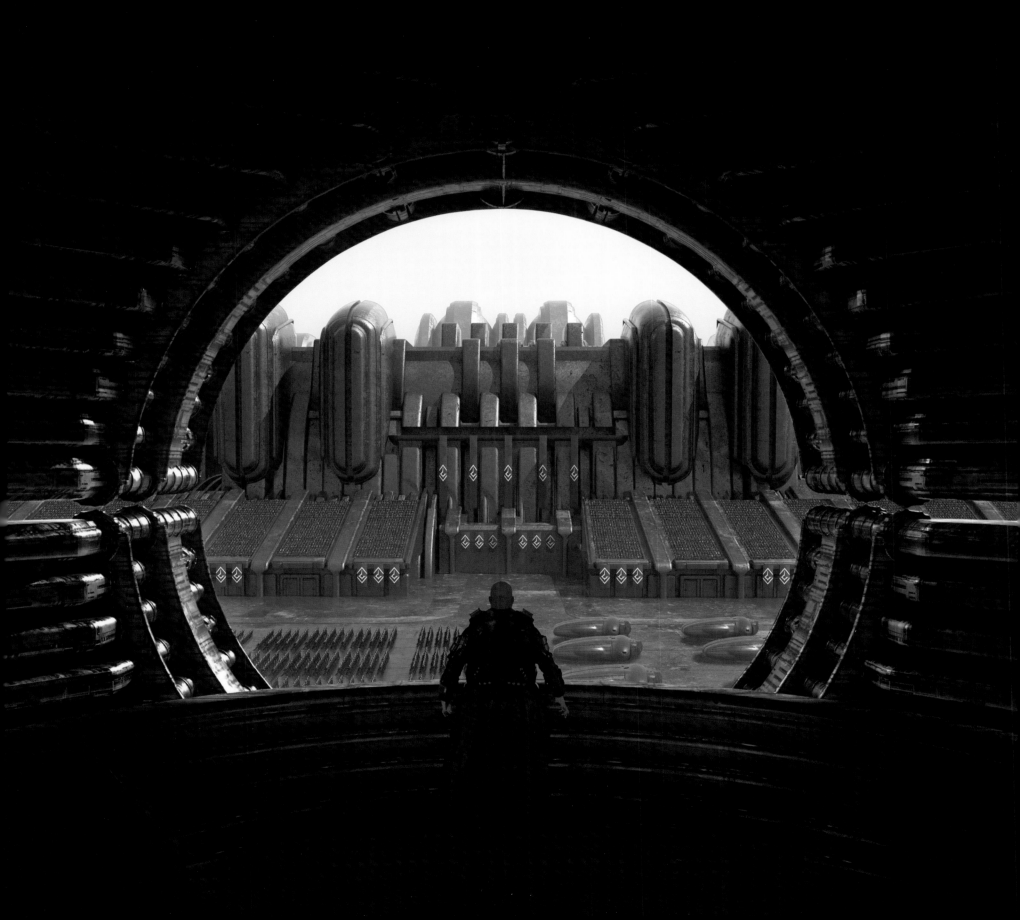

하코넨 수확기 공격

<1부>에서 아트레이데스 가문을 거의 궤멸해 버린 하코넨은 아라키스에서 마음대로 스파이스를 수확할 수 있게 되었다. 그러나 프레멘은 제약이 많은 상황에서도 프랭크 허버트가 소설에서 설정한 게릴라 전술을 전개해 탐욕스러운 적의 행보를 저지해서, 하코넨이 온전한 권한을 휘두르지 못하게 한다.

　하코넨 수확기 공격은 창의력이 야만적인 힘을 이길 수 있음을 보여준다. 카메라가 작은 사막쥐를 따라가는 첫 시작부터 이 사실이 화면에 암시된다. 사막쥐를 따라간 곳에는 사막에서 튀어나온 스노클이 있다. 모래 아래에서 폴 아트레이데스가 가만히 기다리는 중이다. 스노클의 필터를 통해 들어오는 공기를 호흡하는 숨결만이 그의 존재를 무심코 알릴 뿐이다.

이 섬세한 호흡장치는 캐리올이 갑자기 사막에 떨어뜨려 놓은 짐승 같은 수확기와 시각적으로 상대가 되지 않는다. 공장 크기의 수확기 디자인은 첫 번째 영화의 모델을 바탕으로 새로운 스파이스 채굴 기술을 반영한 업데이트 버전이다. <1부>에서는 스파이스 밭을 휘저어서 모래 속의 귀한 스파이스 입자를 채굴하는 방식을 썼다. 그러나 <2부>에서는 바늘처럼 생긴 도구가 게걸스레 땅을 파헤치는 발전된 시스템이 장착되었다.

수확기가 폴의 위치로 다가오는 동안, 그 일대를 순찰하는 하코넨 오니솝터는 풍경 속에 위장되어 있는 프레멘 스노클 수십 개를 알아차리지 못한다. "사막의 문제는 숨을 곳이 없다는 점입니다." 드니는 소설 속에서 허버트가 묘사한 모래 스노클에 착안한 영리한 전술을 설명하면서 이렇게 말했다. "프레멘은 수확기가 일으키는 진동을 감지해 그 기계와의 거리를

가능합니다. 그렇게 마지막 순간까지 기다리다가 모래 밖으로 뛰쳐나가죠. 상공을 선회하는 오니솝터의 사수가 그들을 찾아낼 수 없다는 가정이 바탕에 깔려 있습니다."

오니솝터가 사정거리를 벗어나자마자 프레멘은 스파이스를 채굴하는 바늘에 몸이 꿰이고 바퀴에 으스러지기 전에 숨어있던 곳에서 뛰쳐나와 수확기를 호위하는 군인들을 공격한다. 드니는 이 액션 시퀀스를 원 테이크로 구상했다. 장면이 끊어지지 않은 채 전투 내내 마치 카메라가 인물들과 나란히 달리는 것처럼 연출된다. 처음에 카메라가 따라가던 프레멘 A의 자리를 프레멘 B가 채운다. 이 과정이 계속 반복되다가 마침내 폴 아트레이데스가 화면 안으로 들어와 하코넨 병력을 향해 덤벼든다.

"이 영화에는 거창한 액션 시퀀스가 일곱 개 있습니다. 모두 첫 번째

122~123쪽: 하코넨 스파이스 수확기의 초기 콘셉트 그림.

124쪽: 아부다비의 촬영장에서 챠니(젠데이아)가 하코넨에게 로켓을 발사하는 동안 폴 (티모테 샬라메)이 다가가고 있다.

125쪽: 부다페스트에서 수확기 아래에서 나오는 장면을 촬영 중인 젠데이아와 티모테 샬라메.

"[프레멘은] 서로 평등해.
남녀가 똑같이.
우리가 하는 일은
모두를 위한 것이야."
챠니

영화에 나왔던 어떤 장면보다도 장대한 시퀀스예요." <듄>의 프로듀서이자 레전더리 엔터테인먼트 창작 담당 부회장인 케일 보이터는 이 장면을 이렇게 평가했다.

이 장면의 에너지를 가장 효율적으로 전달해 줄 방법을 결정하는 데에는 몇 달에 걸친 연구가 필요했다. 부다페스트의 모래 채취장과 백로트에서 여러 차례 리허설과 연기지도를 거친 뒤 아부다비에서 와이어캠(공중에 매달린 와이어를 따라 카메라가 이동하면서 촬영할 수 있는 장치-옮긴이)으로 이 장면을 촬영하기로 결정되었다. 다층적인 연기를 따라갈 수 있는 속도와 안정성이 필요하기 때문이었다.

이 원 테이크 장면의 무술 동작은 전투를 벌일 두 세력의 의상 디자인에도 큰 영향을 받았다. 사막복을 입은 쪽은 아주 다양한 동작이 가능하지만, 곤충의 외피와 비슷한 모양으로 새로 디자인된 하코넨의 사막 갑주를 입으면 움직임이 심하게 제한되었다. 따라서 하코넨 병사를 연기하는 스턴트 연기자들에게는 이런 특징을 감안해서 단단히 굳어진 돌덩어리처럼 움직이라고 일러두었다. 반면 프레멘 역할의 스턴트 연기자들은 민첩함과 속도를 이용해 적에게 반격했다. 심지어 적의 몸 위로 올라가 무기를 빼앗고 죽이기도 했다.

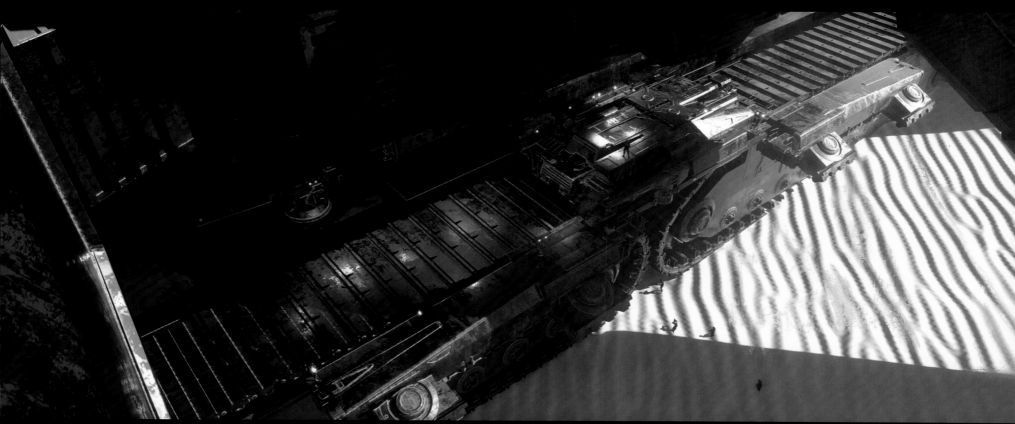

126쪽 위: 〈1부〉에 나왔던 하코넨 수확기를
다시 디자인해서 〈2부〉에 사용했다.

126쪽 아래: 수확기 궤적을 공중에서
내려다본 모습.

127쪽: 채굴 중인 하코넨을 공격하는
페다이킨.

그림자 촬영장

하코넨 공격 장면의 규모가 워낙 크기 때문에 여러 조각으로 나뉠 수밖에 없었다. 부다페스트와 요르단에서도 촬영이 이루어졌지만, 주된 촬영 장소는 아부다비 사막에서 우리가 '그림자 촬영장'이라고 부르던 곳이었다. 이곳에 수확기의 거대한 그림자가 드리워져 있어야 하기 때문에 붙은 이름이다. 그러나 수확기는 순전히 시각효과의 영역에만 존재했다.

처음에 우리가 아부다비의 리와 사막을 조사하러 나왔을 때는 풍경이 황량했다. 5개월 뒤 1천 명에 가까운 제작진이 약 30킬로미터 길이의 도로망을 이용해 사막을 돌아다니게 될 것이라고는 상상하기 어려웠다. 그

도로 중 네 개는 <2부>의 제작진이 베이스캠프와 식당 텐트 등 다양한 곳을 오갈 수 있게 지어진 것이었다.

그림자 촬영장은 그중에서도 최고의 보석이었다. 무거운 건설 장비의 무게를 감당할 약 14,000평방미터 넓이의 패드가 진흙 평지 위에 설치되었다. 200톤짜리 크레인 네 대가 3.7평방미터 넓이의 스크린 몇 개를 촬영장 위로 들어올려 커다란 그림자를 드리웠다. 실제로 만들기에는 너무 큰 수확기의 외관을 대략 재현하는 데에는 고가(高架) 지게차 스물네 대로 들어서 배치한 2.8평방미터 넓이의 스크린 여러 개가 동원되었다.

128~129쪽: 수확기 공격 시퀀스를 촬영한 아부다비의 그림자 촬영장.

게르트의 다리

그림자 촬영장에서 가장 독특한 것은 당연히 하코넨 수확기의 다리를 대신하기 위해 고안된 시스템이었다. 우리는 특수효과를 담당한 게르트 네프저와 그의 팀을 존중하는 뜻에서 그것을 게르트의 다리라고 불렀다. 그들은 그 다리를 만들고, 시험하고, 작동하기 위해 부지런히 움직였다. 대본과 스토리보드에 따르면, 이 장치는 중요 인물 두 명이 움직이는 곳이었다. 폴과 챠니는 툭 내려앉는 다리 한 개의 아래로 미끄러지듯 들어가, 공중에 어른거리는 오니솝터로부터 몸을 숨긴다.

"다리의 폭은 18미터, 높이는 9미터입니다." 게르트가 밝힌 이 다리 대용품의 크기다. "이 다리의 강철 뼈대는 아랍에미리트에서 만들어졌지만, 아래쪽의 외장재는 우리 미술부를 거쳐 부다페스트에서 배송되었습니다." 아래쪽 외장은 카메라에 등장할 것을 생각하고 디자인되었지만, 윗부분은 그림자를 제대로 드리우기 위해 천으로 제작되었다. "이 하코넨 수확기는 거대해요. 방음 스튜디오 하나만큼 크기 때문에, 시각효과팀과 함께 작업하는 수밖에 없었습니다." 게르트는 이렇게 덧붙였다.

특수효과와 시각효과는 서로 아주 다른 분야다. 이 정도 규모의 영화에서는 대부분 이 두 부서가 협력하면서 실제 크기의 시각자료를 실제보다 거대한 규모의 장면으로 생생하게 만들어낸다. 수확기 공격 장면도 <듄: 2부>에서 그런 협력이 이루어진 많은 사례 중 하나였다. 수확기 대용품을 만들고 스크린으로 그림자를 드리워 촬영한 덕분에 폴 램버트가 나중에 시각효과로 상상 속의 수확기를 자연스럽게 화면에 집어넣을 수 있었다. 폴은 이렇게 말했다. "내가 컴퓨터로 만든 수확기를 화면에 덧붙이기만 하면, 폭과 높이가 세 배로 늘어나고 길이는 다섯 배로 늘어납니다. 그림자도 그만큼 늘어난다는 점을 촬영할 때 반드시 염두에 두어야 했죠." 경험에 따르면, 카메라로 포착한 화면이 정확할수록 완성본에서 시각효과의 설득력이 커진다.

하코넨 수확기 다리 한 쌍은 100톤짜리 건설용 굴착기 두 대에 부착되었다. 필요한 때에 이 다리를 들어올려, 드니가 구상한 기계의 움직임을 구현하기 위해서였다. 특수효과팀은 배우들이 촬영장으로 나오기 전에 안전은 물론 정확성을 위해서도 몇 번이나 연습을 거듭했다. "굴착기 조작을 맡은 사람이 특히 마음에 듭니다. 건설 노동자인데, 완전히 강심장이에요. 나는 그 사람이 배우들과 아주 가까운 거리에서 다리를 잘 움직여줄 것이라고 100퍼센트 믿습니다." 게르트의 말이다.

이런 중장비들 외에 드론도 촬영에 사용되었다. 배우들이 로켓 발사기로 가상의 하코넨 오니솝터를 겨냥할 때 어디를 바라보아야 할지 알려주는 역할이었다. 하지만 풍속이 시속 32킬로미터를 넘어가자, 배우들과 제작진의 안전을 위해 그림자를 만들어 내는 스크린과 드론, 와이어캠을 모두 지상에 내려놓아야 했다. 배우들과 스턴트 연기자들이 평균 기온 섭씨 38도인 사막에서 온몸을 덮는 의상을 입고 햇볕을 받으며 촬영하고 있었기 때문에, 안전은 항상 걱정스러운 문제였다. 모두가 수분을 보충하고 햇볕에서 몸을 보호할 수 있게 물, 전해질, 선크림이 자주 제공되었다.

130~131쪽: 수확기의 다리 뒤에서 뛰어나오는 폴(티모테 샬라메).

131쪽 위: 수확기 다리 아래에 서있는 제작진 두 명.

131쪽 아래: 모래 스노클의 초기 스케치.

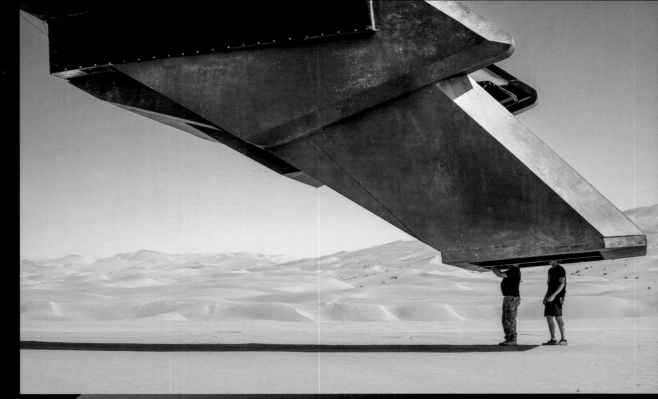

"프랭크 허버트의 《듄》에서 유래한 모래 스노클 덕분에 프레멘들은 이글거리는 햇빛을 피해 모래 속에 몸을 숨길 수 있다. 영화에서는 스노클이 사막복의 일부로 디자인되었으나, 펌프가 내장된 스노클을 별도로 제작해서 폴 아트레이데스의 호흡을 표현했다."

오니 기관총

영화 속에서 폴과 챠니를 향해 발사되는 하코넨 기관총은 BGI 서플라이즈가
제작했으며, 제대로 작동하는 반동흡수 시스템을 갖추고 있다. 런던에서
제작되고 부다페스트에서 승인받은 뒤 중동으로 운송되어, 공중촬영을 위해
요르단 공군의 블랙호크 헬리콥터에 단단히 부착되었다. 사수의 회전의자에
앉은 스턴트 연기자의 몸이 끈으로 고정되었고, 슬라이더에 장착된 카메라가
그의 연기를 담았다.

　우리는 이른바 공대공 장면도 찍었다. 공중에 떠있는 헬리콥터를 다른
헬리콥터의 시점에서 촬영했다는 뜻이다. 우리에게 협조해 준 요르단 공군
조종사는 이 시퀀스의 프리비즈(실제 촬영 전에 장면을 그래픽으로 미리
구현한 것-옮긴이)를 연구한 뒤, 블랙호크를 앞뒤로 흔들어 가며 로켓에 맞아
격추되는 오니솝터의 움직임을 구현했다.

132쪽 위, 아래: 하코넨 기관총 일러스트.

133쪽: 통과하기 힘든 수확기 아래의 모습을 묘사한 콘셉트 그림.

수확기 아래

수확기 공격 장면 대부분을 중동에서 촬영했다면, 수확기 아래를 무대로 한 장면들은 부다페스트에서 촬영했다. 맨 처음 이 장면을 준비할 때부터 드니는 프레멘 인물들이 생사의 기로에서 수확기 아래로 몸을 던져 하코넨의 총격을 피하는 모습을 넣고 싶다고 말했다. "그들이 웅크려서 네 발로 기어 이동한다면 환상적일 겁니다." 그는 이렇게 말했다.

따라서 파트리스는 팀원들과 함께 커다란 구조물을 설계해서 제작하고, 그 아래에 파이프를 비롯한 여러 장치를 덧붙여 수확기 하부가 위험한 장소처럼 보이게 만들었다. "악몽 같은 느낌이 필요해요." 드니는 당시 이렇게 말했다. "수확기가 스파이스를 수확하면서 만들어진 참호 같은 곳을 인물들이 재빨리 움직이면서 그 공간에 짓눌리는 듯한 느낌이 나야 합니다."

"가장 먼저 든 생각은 '아이고, 저거 쉽지 않겠는데'였어요." 게르트는

이렇게 외쳤다. 그의 팀은 20톤 무게의 구조물을 바퀴에 올려, 실제 수확기처럼 움직이게 만들어야 했다. 330마력짜리 농업용 트랙터로 끌면 그 구조물은 시속 3.2킬로미터의 속도로 느릿느릿 움직였다. 이 속도가 빠른 것 같지 않겠지만, 그의 팀과 스턴트 연기자 다섯 명이 계속 따라다니는 카메라 앞에서 그 비좁은 공간을 기어다니는 것은 쉬운 일이 아니었다.

"그 장면을 볼 때 폐소공포증이 느껴져야 합니다." 드니는 이렇게 강력히 주장했다. "양쪽 끝의 트랙이 프레멘 인물들을 으스러뜨릴 수도 있습니다. 관객들이 보기에, 그 아래로 뛰어든 것은 세상에서 가장 어리석은 발상이라는 생각이 들어야 합니다." 이 점을 염두에 두고 촬영한 이 장면은 폴과 챠니, 그리고 페다이킨 전사들이 얼마나 용감한지를 잘 보여준다.

라반의 앙갚음

<2부>에서 짐승 라반은 처음에 새로 얻은 권력을 크게 즐기는 모습으로 등장한다. 그의 목에 자랑스럽게 걸려있는 커다란 목걸이가 그 상징이다. 데이브 바티스타는 하코넨 가문의 성질 급한 라반 역할을 <2부>에서 계속 맡았다. 이제 라반은 스파이스를 확실히 생산하기 위해 아라키스에 대한 전권을 쥐고 있다. 그러나 남작의 장조카인 그는 그 높은 직책을 감당하지 못하고, 프레멘이 자신의 군대를 거의 궤멸하고 스파이스 채굴 작업을 방해하는 모습을 무력하게 지켜보기만 한다.

무앗딥이라는 신비로운 종교지도자가 이제 라반의 집이 된 아라킨 레지던시에 너무 가까이 다가오자, 분노에 휩싸인 라반은 자기 손으로 직접 문제를 해결하기로 하고 앙갚음을 위해 사막으로 향한다.

"첫 번째 영화에서 라반은
갑주를 입은 모습으로만 등장하지만,
<2부>에서는 <1부>의 남작처럼
검은색 실크 파자마를 입은 모습도 보여준다.
그의 성격은 더 거만하고,
의상은 더 퇴폐적이다."

34쪽: 하코넨 목걸이의 다양한 모습.

35쪽: 짐승 라반으로 분한 데이브 바티스타가 목걸이를 걸고 있다.

136~137쪽: 라반이 사막 장비를 착용한 하코넨 병사들을 거느리고 앙갚음하러 가는 모습을 그린 콘셉트 그림.

136쪽 아래: 부다페스트에 지어진 아라키스 우주공항 세트에서 프로듀서 타냐 라푸앵트, 드니 빌뇌브 감독, 배우 데이브 바티스타.

"나는 하코넨 군인들이 원래 깊은 사막과는
어울리지 않는 사람처럼 보이기를 원했습니다.
검은 곤충처럼 생긴 그들의 생존장비는
우주복과 갑주가 섞인 모양이며,
보호장비가 첨가되어 있습니다."

드니 빌뇌브, 감독

원래 디자인에 대해 "마치 피부에 풀로 붙여놓은 것처럼 보이는 장치"라고 설명했다.
"지난 45년 동안 이 이미지가 머리에서 떠나지 않았어요. 그 복잡한 모습이 좋고,
그것이 인간을 곤충으로 바꿔놓는 것도 좋습니다."

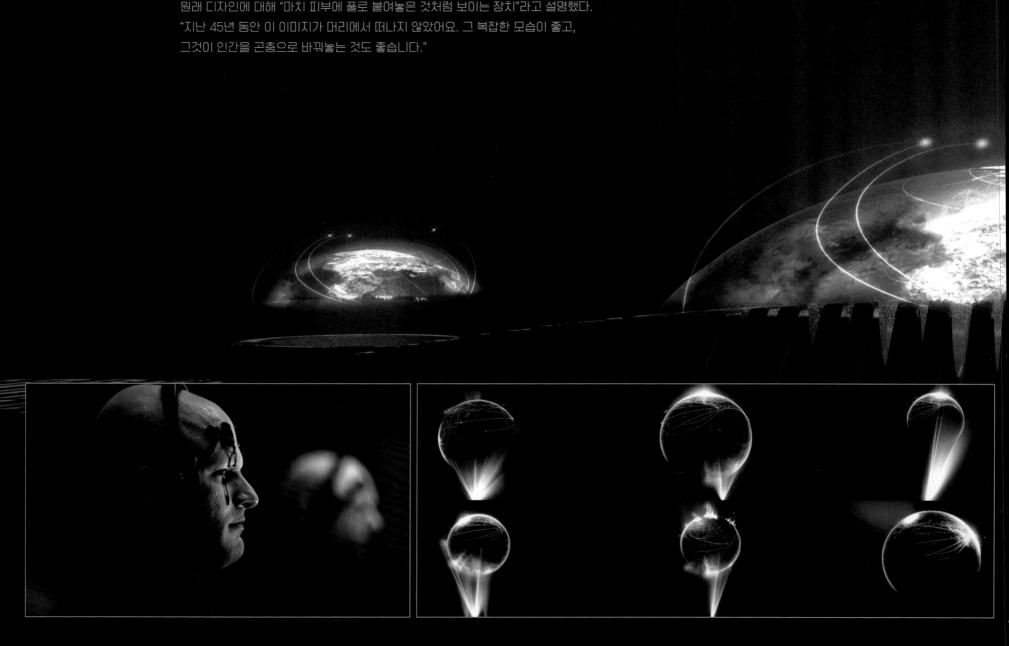

"행성 전체를 장악하라고
명령하셨지만, 제 눈에는 행성이
절반만 보입니다."

짐승 라반

오니 비

<1부>에서 성공적으로 묘사된 오니숍터는 <2부>에서 더 큰 역할을 수행하며, 액션과 긴장감을 강화해 준다. 새로 설계된 편대에서 가장 인상적인 것은, 근육질 호박벌 모양에 오니숍터 특유의 잠자리 날개가 장착된 전투기 오니 비다.

이 대형 비행기의 내부는 실물 크기로 제작되었으며, 무게는 20 톤이었다. <1부>에 나온 가장 큰 오니숍터보다 두 배나 무겁다. 이것을 들어올리려면 500톤짜리 크레인이 필요했는데, 이 오니 비와 원래 오니숍터 두 대를 백로트로, 그다음에는 방음 스튜디오로 옮기는 작업이 너무 어려워서 우리는 속으로 '오니 댄스'라고 불렀다. "<1부>에 나온 오니숍터도 엄청 컸는데, 오니 비는 세 배나 더 큽니다. 더 크고 더 무거워서 움직이기도 훨씬 힘들죠. 심지어 스튜디오 문으로 들어가지도 않았어요." 게르트는 이렇게 회상했다. 따라서 BGI 서플라이즈는 기체를 분해해서 스튜디오 안으로 가져간 뒤 다시 조립하는 방법을 쓸 수밖에 없었다.

140쪽 위: 프로덕션 디자이너 파트리스 베르메트의 초기 스케치를 바탕으로 한 오니 비의 콘셉트 그림.

140쪽 아래: 런던에서 오니 비를 제작 중인 BGI 서플라이즈.

141쪽 위: 스캐너 담당자가 눈에 꽂아 사용하는 헬멧의 콘셉트 그림.

141쪽 아래: 오니 비의 내부 사진.

오니솝터 공중장면은 요르단에서 진짜 헬리콥터로 촬영했지만, 라반의
오니솝터 내부 장면은 실내 스튜디오에서 찍었다. 스튜디오에 빙 둘러
설치된 LED 조명 패널 600개가 조종실에서 바라본 일출 때의 아라키스
하늘을 재현했다. 비행기가 워낙 커서 비행 시뮬레이터로 비행기의 움직임을
만들어 내는 것도 불가능했다. 그래서 오니가 기체를 한쪽으로 재빨리
기울여 나는 장면은 구식으로 촬영했다. 화면 속의 모든 사람이 마치 압력에
밀린 것처럼 갑자기 같은 방향으로 흔들리는 연기를 했다는 뜻이다.

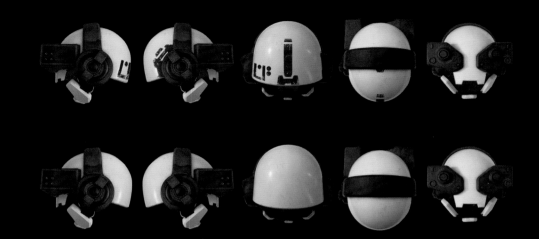

매달리기

20톤짜리 오니 비가 워낙 거대했기 때문에, 특정한 스턴트 장면을 위해 좀 더 가벼운 소재로 비행기 일부를 똑같이 본떠서 만들었다. 우리가 '액션 구이집'이라고 부른 이 세트에 구현된 경사로에서 라반은 프레멘 전사들에게 공격당한다. 기체가 폭발을 피해 홱 방향을 틀자 경사로도 함께 방향이 바뀌는 바람에 라반은 균형을 잃고 미끄러져 간신히 경사로에 매달려 흔들린다. 이 장면은 데이브 바티스타와 그의 스턴트 대역인 롭 드 그루트가 백로트에서 촬영했다. 라반의 갑주를 입힌 실물 크기의 인형을 오니솝터 세트에 붙인 뒤 공중으로 높이 들어올려 그가 죽어라 매달려 있는 것처럼 연출한 장면도 한 컷 들어갔다.

142쪽: 안전을 위해 실물 크기 인형 둘을 오니 비 세트에 붙이고 크레인으로 들어올려 한 장면을 찍었다.

143쪽: 오니 비의 '액션 구이집'에서 제작진과 작업 중인 데이브 바티스타.

죽음에서 되돌아오다

《듄》에서 하코넨은 아라키스의 스파이스를 공격적으로 채굴하는 것으로 유명하지만, 그들만 그러는 것이 아니다. 사회의 변경에서 살아가는 스파이스 밀수업자들도 약탈자다. 밀수업자 장면에서 캐리올 한 대가 낡아빠진 수확기를 운반한다. 그때 누군가의 노랫소리가 들린다. 거니 할렉. 아트레이데스 가문의 무기 전문가였으나 지금은 밀수업자가 된 그가 무엇이든 구할 수 있는 재료를 닥치는 대로 꿰어 맞춰서 만든 우주복을 입고 있다. 그 우주복 덕분에 그는 사막에서 살아남을 수 있다.

144쪽 아래: 요르단의 프레멘 피난처 촬영장에서 거니 할렉 (조시 브롤린)과 폴(티모테 샬라메).

144쪽 위: 거니의 밀수업자 우주복 콘셉트 그림.

145쪽: 돛을 이용해서 밀수업자 수확기를 운반하는 캐리올을 묘사한 콘셉트 그림.

지뢰

거니는 수확기와 속도를 맞춰 걷다가 멀리서 뭔가가 움직이는 것을 본다. 그것이 프레멘 지뢰의 징후임을 알아차린 그는 수확기에 멈추라는 신호를 보낸다. "문짝만 한 크기의 직사각형 물체예요. 어쩌면 좀 더 작을 수도 있고요." 드니는 이 폭발장치에 대한 구상을 처음 설명할 때 이렇게 말했다. 화면 속에서 지뢰는 모래 속에서 솟아 올라와, 마치 자석에 이끌리듯이 서투르게 오락가락하며 수확기로 향한다.

드니는 계속 설명했다. "지뢰는 똑바로 거니를 향합니다. 거니가 그것을 총으로 쏠 시간이 없어 보일 만큼 빨리 움직여야 합니다." 거니는 허공을 날아오는 물체를 피하다가 발을 헛디디는데, 그 순간 지뢰가 그를 스치듯 날아가 목표물인 수확기에 달라붙는다. "그것이 폭발할 때 시각적으로 대형 폭발이 일어나지는 않습니다. 그것은 차량을 파괴하는 물건이지, 주위의 사람들을 죽이는 물건이 아니거든요."

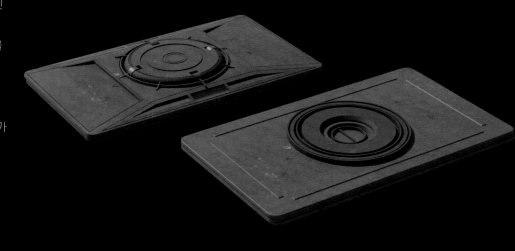

146쪽 아래: 밀수업자 수확기 대용으로 패널을 붙인 다목적 차량이 서있다.

146쪽 위: 프레멘 지뢰의 콘셉트 그림.

147쪽: 밀수업자 장면을 촬영하면서 출연진과 제작진에게 둘러싸여 서있는 드니 빌뇌브 감독과 조시 브롤린.

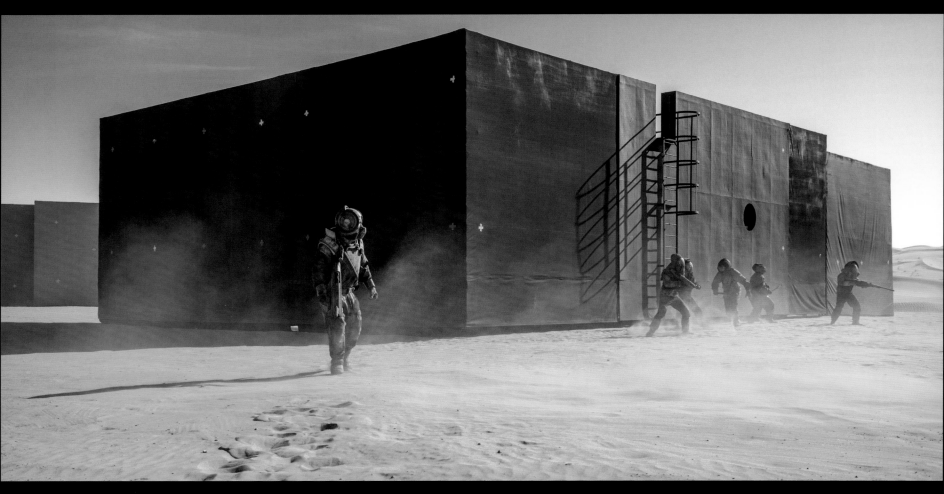

밀수업자의 조종실

밀수업자 수확기의 조종실 내부는 부다페스트에서 클래식 메카닉스가 제작한 다음, 이 조립식 세트를 분해해서 온도와 습도가 조절되는 컨테이너에 실어 아부다비로 보냈다. 그 덕분에 플라스틱 소재의 부품들이 휘어지거나 녹는 것을 방지할 수 있었다. 반면 게르트의 다리는 운송 중에 온도가 지나치게 높아지는 바람에 손상되었다.

주황색 돔으로 덮인 밀수업자 수확기 조종실 장면은 아부다비의 커다란 모래언덕 꼭대기에서 촬영되었다. 사막 상공을 비행할 때의 고도와 시야를 구현하기 위해서였다. 촬영팀은 우리가 조종실 언덕이라고 부르던 이 장소에서 밀수업자 세트로 이동해 남은 장면들을 찍었다. 사막의 이 외진 장소까지 우리가 갈 수 있었던 것은 거기까지 이어진 도로 덕분이었다. 조용한 계곡에 자리 잡은 이 촬영장에는 좀처럼 바람이 불지 않는 것 같았다. 그 덕분에 이곳은 우리가 경험한 가장 더운 촬영장소 중 하나가 되었다. 마치 정말로 프랭크 허버트의 행성 아라키스에 온 것 같았다.

밀수업자 수확기를 대신한 것은, 커다란 공장처럼 생긴 수확기와 똑같은 색의 패널로 덮인 대형 트럭이었다. 후반작업에서 여기에 시각효과를 덧붙일 예정이었다. 우리는 이 트럭을 사막의 촬영현장에서 몰고 다녔다. 측면에는 밀수업자 역을 맡은 스턴트 연기자들이 타고 내려올 수 있는 사다리가 설치되었으며, 트럭은 나중에 불꽃 효과를 내는 데에도 이용되었다. 이처럼 다양하게 활용된 이 트럭을 우리는 NASA 트럭이라고 불렀다. 우주여행이 (거의) 가능할 것 같다는 뜻의 농담이었다.

밀수업자 수확기는 하코넨 수확기는 물론 〈1부〉에 나온 아트레이데스 크롤러와도 완전히 다른 모양으로 디자인되었다. 드니는 이렇게 설명했다. "수확기 앞쪽의 팔 세 개가 감지기처럼 내려와서 스파이스를 탐색하고 채굴합니다." 파트리스는 여기서 한발 더 나아가 이 메커니즘을 거짓말 탐지기에 비유하며, 맥박을 재는 바늘과 비슷하다고 말했다.

148~149쪽: 캐리올과 수확기의 콘셉트 그림.

150쪽 아래: 아부다비의 높은 모래언덕에서 밀수업자 조종실을 조립 중인 제작진.

150~151쪽: 독특한 주황색 돔이 있는 밀수업자 조종실의 내부.

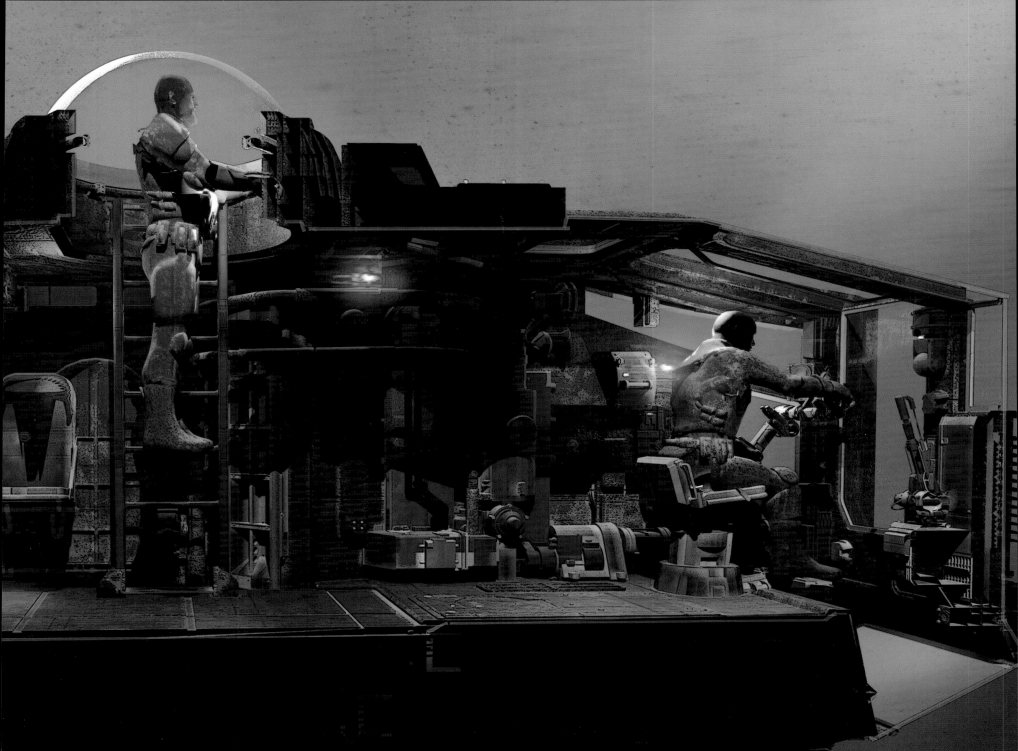

프레멘 피난처

폴은 거니의 발소리를 알아차리고, 프레멘과 밀수업자 사이의 유혈사태에 종지부를 찍는다. 그 뒤에 이어지는 대화는 요르단의 천연동굴에서 촬영되었다. 드니는 처음 촬영장소를 찾아다닐 때 이 동굴을 보고 영감을 얻었다. "정말 아름다워! 그 장면을 쓸 때 내가 꿈꾼 그대로야. 밖에는 시체들이 있고, 프레멘들이 거기서 물을 수거하는 중이야. 폴과 거니는 여기 왼쪽에 있을 거야. 챠니와 시샤클리는 반대편에 있을 거고." 이 모습이 몇 달 뒤 정확히 그대로 화면에 담겼다.

52~153쪽: 프레멘 피난처의 콘셉트 그림.

DESERT POWER
사막의 힘

"모래벌레는 아라키스에서
신성한 존재다.

프레멘들은 모래벌레를
신성한 이름인 샤이 훌루드로
부른다."

프랭크 허버트가 상상한 《듄》의 세계에서 모래벌레를 타는 것은 프레멘
정체성의 궁극적인 표현이다. 아라키스 원주민인 프레멘은 우주에서 이
사막 생물의 힘을 이용할 수 있는 유일한 종족이며, 조상들의 기법을 대대로
물려받았다. <2부>에서 폴 아트레이데스는 이 지식을 전달받는다. 그는 비록
다른 행성에서 왔지만, 프레멘의 일원이 될 자격이 있음을 이미 증명했다.

　"<1부>에서 아트레이데스 가문은 모래벌레에게서 도망치고 싶어
했습니다." 드니는 이렇게 지적했다. "우리는 관객들에게 이 짐승을
두려워하라고 가르쳤습니다. <2부>의 시각은 정반대예요. 폴이 벌레를
타야겠다고 아주 강경하게 나서기 때문에 나는 벌레를 타는 데 필요한 장비,
전술, 타는 방법을 고안해야 했습니다. 내 평생 찍어본 가장 복잡하고 어렵고
힘든 장면 중 하나였어요." 첫 단계는 스토리보드 아티스트 샘 후데키와 함께
이 여행의 프레임 하나하나에 담긴 의도를 개괄적으로 정하는 것이었다.

느끼는 이 여행을 "오토바이를 타고 시속 128킬로미터로 날리는 것"
비유하면서 "우리 주인공은 모래구름에 완전히 에워싸인 채, 모래언
마구 부수며 나아가는 모래벌레에 필사적으로 매달려 있습니다"라고
설명했다.

　아드레날린을 자극하는 이 설명은 짜릿했지만, 이 장면을 현실로
데 얼마나 많은 투자와 시간이 필요한지 우리 모두가 깨닫는 데에는
걸렸다. 프로듀서 케일 보이터는 이렇게 지적했다. "영화제작에 돌입
우리는 그것이 얼마나 거대한 작업이 될지 온전히 이해하지 못했습니
모래벌레를 타는 장면은 이 말의 상징적인 예였다. 3분이 조금 안 되
장면에는 촬영팀이 두 달 동안 밤낮을 가리지 않고 찍은 영상들이 6
들어갔다.

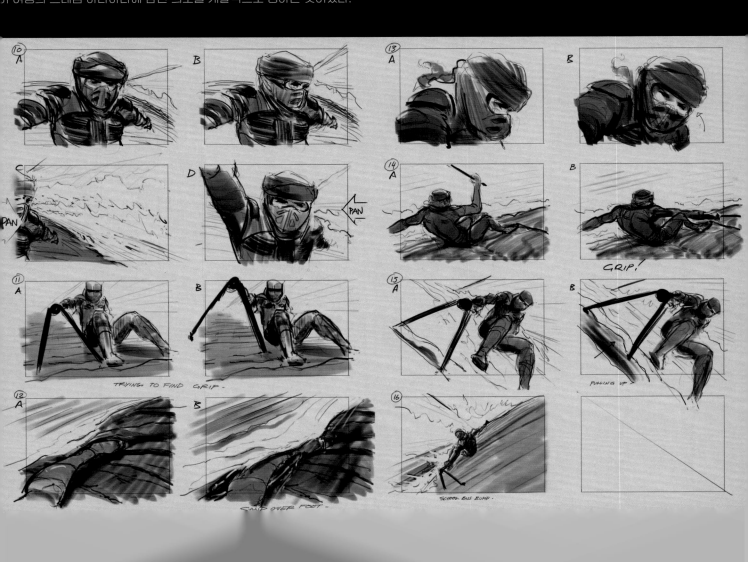

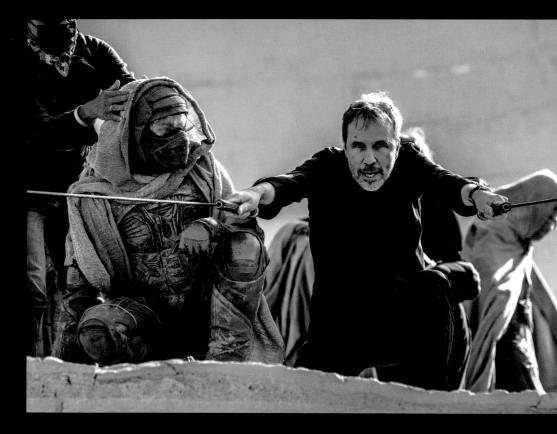

...션은 짜릿하면서도 힘든 작업이었다.
...드니가 원하는 진짜 같은 장면을
...유닛'이라고 불렸다)은 2022년 6월
...영에만 매달렸다.
...가 만들어졌다. 모래 색깔의 코끼리
...쪽에는 발포 고무로 만들어진 부분이
...서 이루어질 예정이었다. 이보다
...위에 설치된 장비는 모래벌레의
...언덕을 부수며 달리는 벌레의 몸에
...는 약 20미터 길이의 커다란 벌레
...바깥에 55도 각도로 고정되었다. 이
...의 연기, 카메라 움직임, 특수효과로
...는 느낌을 연출해야 했다.
...도로 상승할 수 있게 해주는 장치를
...야를 화면으로 잡아냈다. 그 덕분에
...는 장면을 효과적으로 연출할 수

...져 현실에 이야기의 닻을 내렸다.
...벌레를 굴복시키는 게 아니라,
...다. 그리고 이런 모습이 반드시 화면에
...니는 이렇게 지시했다. "멀리서 벌레를
...것이 해야 합니다. 카메라 움직임이
...좋겠어요. 현실적인 화면을 보고
...."
...험을 선사하는 것 또한 이 장면의
...벌레의 등 위에 직접 올라가 풀과
...래를 다 맞아야 했다는 뜻이다.
...효과 먼지를 맞기도 했다. "<1부>를
...르단의 모래와 같은 흙먼지 색깔이
...는는 이렇게 설명했다. "화면에 딱
...하고, 햇빛을 받을 때도 그림자가
...한 흙먼지를 쓰면 연기처럼 보여요."
...를 통제하는 법을 관객에게
...3~4미터쯤 됩니다." 드니는
...했다. "작살로 가죽 일부를

끌어올리면, 연약한 부분이 드러납니다. 벌레는 이 예민한 속살 아래로
모래가 들어가지 않게 몸을 보호하려 하죠." 따라서 벌레는 모래 속으로
파고들지 못하고 사막 표면에 계속 머무를 수밖에 없다.
　　모래벌레의 가죽은 벌레장치와 통합하는 방식으로 실용적으로
제작되었으며, 현장에서 특수효과팀이 이 가죽을 움직였다. 가죽이 갈라진
부분을 열면 공기구멍이 드러났다. 물결치는 듯한 움직임은 카메라로 연출할
수 있었지만, 나중에 시각효과팀이 그 움직임을 더욱 강화했다.

158쪽: 젠데이아에게
샌드라이딩 시범을 보이는
드니 빌뇌브 감독.

159쪽: 길이가 약 20미터인
수직장치는 폴이 처음
모래벌레의 몸으로 떨어지는
장면을 찍는 데 사용되었다.

159쪽 위: 프레멘 역을 맡은
스턴트 연기자가 장치 위에서
카메라맨과 함께 모래벌레의
비늘에 매달려 있다.

개목걸이

160쪽 아래: 개목걸이의 모래 색 스크린이 반사한 자연광의 색깔이 나중에 아부다비에서 찍은 영상의 색깔과 잘 맞아떨어졌다.

161쪽: 벌레 유닛은 하루에 무려 1톤이나 되는 흙을 사용했다.

부다페스트에서 샌드라이딩을 촬영하는 동안 가장 중요한 관심사 중 하나는 햇빛의 방향이었다. 아부다비에서 챠니, 스틸가, 시샤클리, 여러 프레멘이 등장하는 장면을 찍어 부다페스트에서 촬영한 영상 사이사이에 삽입할 예정이기 때문이었다. 폴이 벌레의 등에 착지할 때는 그늘이 져있지만, 그 뒤로는 모든 일이 직사광선 아래에서 일어난다. 영화의 신들은 여름 내내 유럽에 혹서를 보내 이런 직사광선을 공급해 주었다.

우리가 <1부>를 찍으면서 경험으로 배운 것이 있다면, 그것은 일반적인 초록색 스크린이나 파란색 스크린보다 모래 색깔 스크린이 더 효율적이라는 점이다. 이 시스템 덕분에 드니는 촬영 때 광활한 사막의 색을 인물들에게 입히면서 후반작업 때 시각효과로 각 화면의 배경을 더 넓게 연장할 수 있었다.

우리가 이 장면을 찍기 위한 방법을 연구하고 있을 때, 폴 램버트가 모래 색깔 '개목걸이'를 만들자는 제안을 내놓았다. <1부>에서 리에트 카인즈 박사가 레토 공작, 폴, 거니에게 스파이스 채굴 과정을 소개하는 오니숍터 내부 장면에서 사용한 것과 비슷한 디자인이었다. <2부>에서는 반영구적인 장치를 만들어서 엄청난 이득을 보았다. 적절한 조명으로 배우의 연기를 생생히 잡아낼 수 있을 뿐만 아니라, 빠르게 지나가는 모래 빛깔 풍경을 나중에 시각효과팀이 추가할 수 있는 캔버스도 제공해 주었기 때문이다.

우리는 자유로운 움직임이 가능한 환경을 만들었다. 우리가 콜로세움이라고 부른 장치의 한복판에 고정된 모션 기반 시뮬레이터는 쉽게 회전이 가능해서 태양의 움직임을 따라갈 수 있었으므로, 주인공이 그리그의 지시에 따라 항상 뒤에서 햇빛을 받게 만들 수 있었다.

더 크게, 더 빠르게, 더 낮게

이 시퀀스의 다음 부분은 작은 벌레 플랫폼에서 촬영했다. 액션장치라고도
불리던 곳이다. 이 벌레 가죽은 세 가지 설정이 프로그램 된 짐벌 위에
설치되었다. 짐벌의 첫 번째 설정은 벌레가 폴을 등에서 떨어뜨리려고
회전할 때의 움직임을 표현하는 측면 롤링이었다. 두 번째 설정은 우리
주인공이 모래언덕을 올라가는 장면을 찍거나 벌레의 빠른 속도가 일으킨
압력을 표현하는 데 필요한 가파른 수직 기울임이었다. 세 번째 설정은
벌레의 움직임이 수직에서 수평으로 바뀌는 특정 장면을 위해 고안되었다.

이런 설정들과 장비를 그때그때 복잡하게 바꿔야 했기 때문에 우리는 이
시퀀스를 시간순서대로 촬영하지 않았다. 스토리보드를 여러 범주로 쪼개서
한 번에 하나씩 해결하는 방법을 썼다. 장치와 설정을 바꿀 때마다 어느 정도
연구가 필요했는데, 드니와 그리그가 그 과정을 감독하며 동작을 비틀어서
화면의 역동성을 높이기도 하고, 짐벌이 고속으로 떨리면서 하는 촬영을
추가하기도 하고, 핸드헬드 카메라를 들고 벌레장치 위에서 직접 촬영을
하기도 했다.

벌레 유닛은 촬영 때마다 드니의 승인을 받은 뒤에야 다음 장면으로
넘어갔다. 그가 자주 반복한 말은 위험한 분위기를 만들어 내면서 동시에
기술을 이용해 벌레를 통제하고 있음을 암시하라는 것이었다. 폴의
자세 또한 정확해야 했다. "창조자 작살의 손잡이를 잡고 있을 때 양팔이
너무 벌어져도 안 되고 너무 가까이 붙어도 안 됩니다." 드니의 설명은
구체적이었다.

벌레 유닛은 샌드라이딩과 관련된 용어들을 완전히 새로 만들었다.
'편안한 파도타기'는 짐벌의 매끄러운 지그재그 움직임을 말하는 것으로,
전체 시퀀스의 기본 움직임이 되었다. '스쿨버스 덜컹'은 스쿨버스가 도로의
움푹 팬 곳을 지나갈 때처럼 폴이 벌레의 등 위에서 덜컹 튀어오르는
것이라서 촬영하기에 까다로웠다. 이 '스쿨버스 덜컹' 촬영에는 궁극적으로
와이어, 짐벌의 움직임, 스턴트 배우의 연기가 모두 동원되었다.

벌레 유닛의 촬영 때는 모래벌레가 모래언덕을 부수며 지나가는
모습을 연출하기 위해 대규모 흙먼지 폭발을 일으키지 않는 날이 거의
없었다. 촬영장에서는 '더 크게, 더 빠르게, 더 낮게'라는 구호가 몇 번이나
울려퍼졌다.

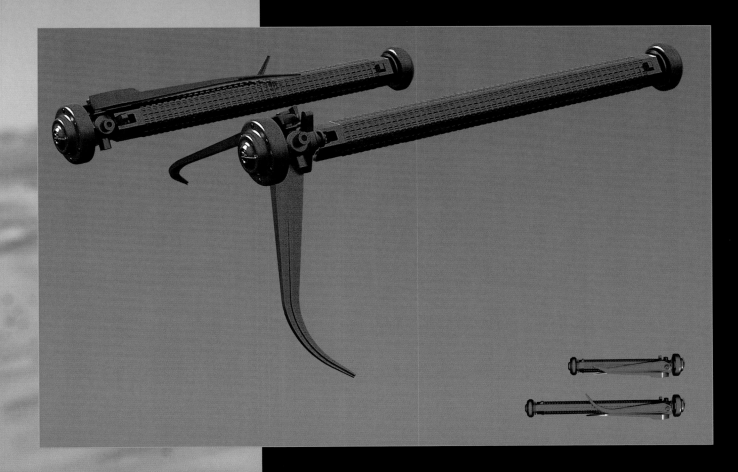

"우리는 〈2부〉에서
창조자 작살을 더 발전시켜,
9미터짜리 줄로 던질 수 있게 했습니다.
창조자 작살은 벌레를 조종하는
고삐가 되었습니다."

더그 할로커, 소도구 담당자

162쪽: 아부다비의 모래언덕 꼭대기에서 움직이는
티모테 살라메.

163쪽 위: 창조자 작살의 콘셉트 그림.

중력 게임

짐벌 액션에 한 달을 쏟은 뒤, 샌드라이딩 장면 중에서도 가장 복잡한 숏을 찍는 데에 꼬박 일주일이 걸렸다. 전체적인 그림을 놓고 보면 아주 짧은 한순간처럼 보일지라도, 그 안에서 많은 정보를 전달해야 했다. 폴이 모래벌레의 등에 올라가서 무사히 작살을 꽂은 뒤, 이제는 수직적인 움직임을 수평적인 것으로 바꿔 사막을 이동하는 모습을 찍을 차례였다. 드니는 폴이 발을 헛디뎌 벌레의 몸에 수직으로 매달려 있다가 중력의 힘을 이용해 다시 올라가는 장면으로 이 변화를 보여주고 싶어 했다.

이 연출을 위해 특수효과팀은 벌레의 가죽에 경첩을 달았다. 가죽을 90 도 넘게 기울여 폴이 공중에 매달려 있는 모습을 만들기 위해서였다. 플랫폼을 세우고 카메라를 설치하는 데에 일주일의 절반이 들어갔고, 그 뒤에 리허설이 시작되었다. 조명효과는 물론, 심하게 피어오른 흙먼지와 바람이 추가되었다.

이 숏을 촬영하는 데 필요한 물리학적 계산이 금요일 해 질 무렵에 모두 끝났다. 촬영장치의 기울기는 처음 45도에서 85도로 변했다. 흙먼지와 바람이 일어나고, 감독이 '액션'을 외치자 장치가 90도 넘게 기울어졌다. 폴이 공중에 매달리자마자 장치의 기울기는 70도로 돌아갔다. 연기와 조명효과의 조합으로, 지평선에 해가 떠오르는 시각에 배우의 몸이 쿵 부딪히는 것 같은 영상이 만들어졌다.

164쪽 오른쪽: 폴이 수직 방향에서 수평 방향으로 변화를 겪는 모습을 묘사한 스토리보드.

164쪽 왼쪽 아래: 벌레 액션 장치를 90도로 세운 모습.

165쪽: 프레멘 문화에서 사랑을 뜻하는 파란 스카프를 한 챠니(젠데이아)와 폴 (티모테 샬라메).

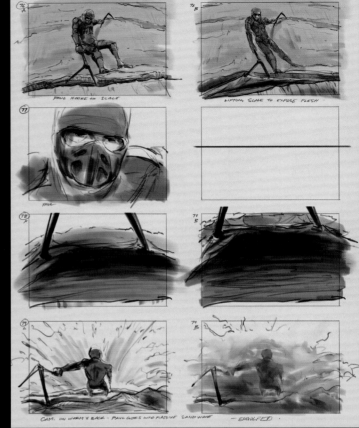

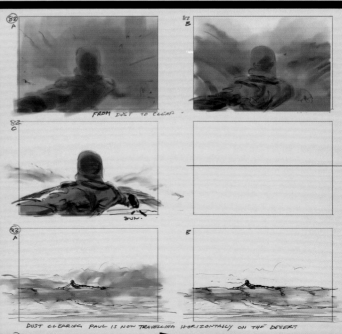

멋 부리는 게 아니야

샌드라이딩으로 이어지는 대화, 폴이 벌레를 부르고 기다리는 장면, 그리고 폴이
이 통과의례를 성공적으로 해낸 뒤 프레멘들이 반응하는 장면을 아부다비의 리와
사막에서 촬영한 것은 2022년 11월이었다. 폴을 응원하는 사람들 중에는 머리에 파란
스카프를 쓴 챠니도 있다. "영화에서 프레멘 여자들은 사랑에 빠지면 파란색을 몸에
걸칩니다." 드니는 폴과 챠니 사이에 싹트고 있는 감정에 대해, 그리고 이 단색조의

무너지는 모래언덕

5개월에 걸친 촬영이 끝날 무렵에도 퍼즐 조각 두 개가 여전히 채워지지 않았다. 하나는 폴의 발밑에서 무너지는 모래언덕이었다. 스토리보드를 그대로 재현하기가 쉽지는 않았지만, 그렇다고 불가능하지도 않았다. 특수효과팀은 몇 주 일찍 사막에 도착해 방법을 연구했다. "우리는 거대한 강철 파이프를 만들어 모래 밑에 묻어두었다가 뽑아냈습니다." 게르트는 이렇게 설명했다. 인공 모래언덕이 무너지는 모습이 그럴듯했다. "시험을 거쳤지만, 나는 100퍼센트 만족하지 못했어요. 모래 밑에 묻을 강철 파이프가 더 커야 했고, 그것을 뽑아낼 더 강력한 차량도 필요했습니다." 결국 강철 파이프 세 개를 몇 톤이나 되는 모래 속에 묻어두었다가 잡아당기는 방법으로, 폴의 발아래에서 모래언덕이 꺼지듯 무너지는 장면을 만들어 냈다.

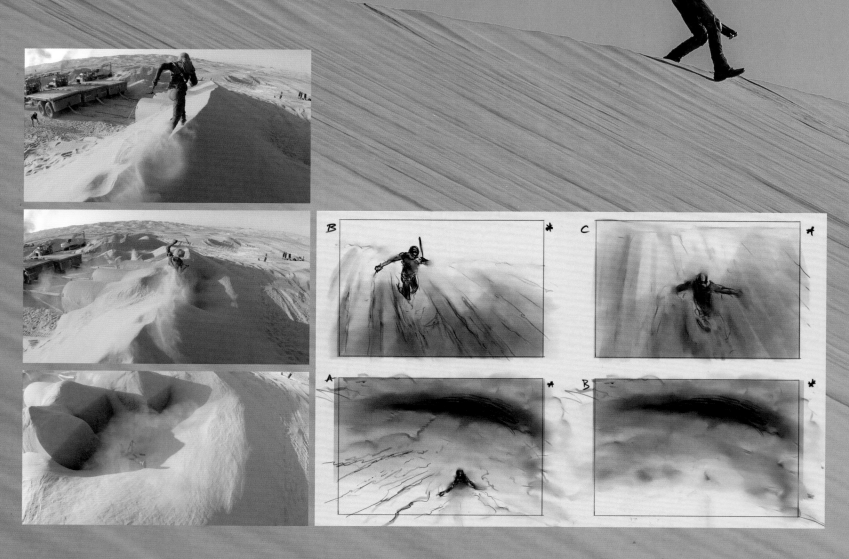

덩치 큰 아빠 언덕

이 시퀀스의 마지막 촬영에 도달하는 데에는 오랜 시간이 걸렸다. 부다페스트에 설치된 수직장치에서 구르는 연기와 자유낙하 하는 연기를 몇 달 동안 실험한 끝에, 진짜 모래언덕에서 촬영해야만 실감 나는 장면을 만들어 낼 수 있음이 분명해졌다. 말은 쉽지만, 눈과 달리 모래에서는 스키나 썰매를 타고 가파른 경사면을 미끄러져 내려가면서 그 모습을 여러 번 똑같이 재현할 수 있을 만큼 제어하기가 불가능하다. 해결책은 가장 큰 모래언덕을 찾아내는 것이었다. 우리는 그 언덕을 '덩치 큰 아빠 언덕'이라는 애칭으로 불렀다. 활차 시스템을 이용해서 우리는 중력만을 이용했을 때보다 더 빠른 속도로 배우를 비탈길에서 끌어내렸다. 그 결과는 결정적이었다. 다양한 각도에서 찍은 이 장면은 폴이 모래벌레의 몸에 매달릴 방도를 찾는 동안 직면한 위험을 잘 보여주었다.

168~169쪽: 모래언덕을 내려가는 티모테 샬라메(폴).

168쪽 왼쪽: 스턴트 연기자가 아부다비에서 무너지는 모래언덕 꼭대기를 달리고 있다.

168쪽 오른쪽: 무너지는 모래언덕을 묘사한 스토리보드.

169쪽 위: 모래언덕을 내려오는 스턴트 연기자를 담는 카메라맨.

169쪽 아래: 모래언덕 경사면을 고속으로 끌려 내려오는 스턴트 연기자.

"모래언덕이 무너지면서 폴도 덩달아
추락하는 장면은 아부다비에서 촬영한
샌드라이딩 장면의 마지막 요소였다.
이 장면 하나만을 위한 6개월 동안의 연구와 궁리가
이렇게 끝을 맺었다."

170쪽: 타브르 시에치의 대모가 된 리베카 퍼거슨.

171쪽 위: 예언을 거울처럼 보여주는, 예배당 안의 모래벌레 프레스코.

171쪽 아래: 폴의 첫 샌드라이딩 소식을 듣고 있는 타브르 시에치의 대모.

스틸가의 라이딩

하비에르 바르뎀이 <듄>의 첫 번째 영화에서 스틸가 역을 맡기로 하면서 드니에게 내민 가장 중요한 요구조건은 모래벌레를 타게 해달라는 것이었다. <1부>에서는 스틸가가 끝에 이르러서야 등장하기 때문에, 드니는 <2부>에서 이 약속을 지켰다.

스틸가가 모래벌레를 타는 장면은 이 영화에 두 번 나온다. 하나는 그가 사막에서 라이딩을 즐기는 듯한 장면이다. 그는 멀리 있는 폴에게 손을 흔든다. 다른 하나는 영화 뒷부분에 나오는 모래벌레 공격 장면이다. 두 경우 모두 스틸가는 수십 년의 샌드라이딩 경험을 바탕으로 이 사막생물을 완벽하게 제어하는 것처럼 보인다.

172~173쪽: 모래벌레의 몸 위에서 최후의 전투를 향해 돌진하는 스틸가(하비에르 바르뎀).

남쪽으로

20미터 규모의 벌레 플랫폼은 두 가지 용도로 만들어졌다. 첫 번째는 폴이 벌레의 몸에 착지하는 모습을 찍는 것이고, 두 번째는 모래벌레를 타고 비교적 안정적으로 사막을 이동하는 장면을 찍는 것이다. 이 두 번째 장면을 위해 이동장치가 회전식으로 바뀌었다. 그 결과 벌레의 등에 고정된 여행용 텐트와 프레멘 일행이 들어설 공간이 확보되고, 안정적인 움직임이 가능해졌다.

"기차가 사람들을 태우고 사막을 여행하는 것과 비슷해요." 게르트는 첫 디자인 개요에 대해 이렇게 회상했다. 타브르 시에치에서 아라키스 남반구로 가는 긴 여행을 위해 드니는 새로운 프레멘 행낭을 주문했다. 소도구팀은 <1부>에 나온 소형 프렘 행낭이나 사막복 행낭보다 더 부피가 큰 이 행낭을 다양한 모양과 크기로 디자인했다. 더그는 이렇게 말했다. "벌레처럼 생긴 대형 배낭을 다양하게 만드는 작업이 재미있었습니다. 부채처럼 펼쳐지는 배낭은 대형 곤충의 가슴 부위와 모양이 비슷했어요. 외계의 물건 같은 느낌이죠."

174쪽: 페다이킨 여행가방의 콘셉트 그림.

175쪽: 창조자 신전을 향해 남쪽으로 이동 중인 폴 아트레이데스(티모테 샬라메).

176쪽 왼쪽 위: 길쭉한 샌드라이딩 헬멧의 초기 콘셉트 그림.

176쪽 오른쪽 위: 샌드라이더 실드와 바이저 사진.

176쪽 아래: 부다페스트의 대형 벌레장치 위에서 연기하는 샌드라이더와 프레멘.

177쪽: 챠니로 분한 젠데이아가 안전한 곳으로 가기 위해 모래벌레를 타고 폭풍 벨트를

178~179쪽: 대형 벌레
플랫폼에서 집단 여행장면을
촬영 중인 모습을 공중에서
내려다본 사진.

"나는 공기역학적인 모양의 가마를 원했습니다.
사람이 한 명 탈 수 있을 만한 크기이면서도,
모래벌레의 몸에 고정하거나
프레멘 네 명이 들고 걸을 수 있을 만큼
작고 가벼워야 했어요."

드니 빌뇌브, 감독

180~181쪽: 모래벌레의 몸 위에 고정한 가마의 콘셉트 그림.

181쪽 위: 프레멘들이 가마를 운반하는 모습을 묘사한 콘셉트 그림.

가마

이제 프레멘의 대모가 된 레이디 제시카는 자신의 가마 안에서 여행하는 것으로 대본에 나와 있다. 햇빛, 바람, 염탐하는 눈을 막아주는 가마는 장거리 여행 때 모래벌레의 등에 끈으로 고정할 수도 있고, 프레멘들이 의식을 치르듯 직접 어깨에 메고 운반할 수도 있다.

이 여행장비의 디자인과 제작은 세트 데커레이션팀이 맡았다. 모양은 초창기 스케치를 바탕으로 삼았지만, 시간이 흐르면서 점차 발전했다. 본 촬영을 시작하기 몇 달 전에 드니는 이렇게 말했다. "그 모양이 정말로 마음에 들지만, 크기를 좀 줄여야 합니다. 이곳에는 사치를 즐길 공간이 없어요." 공기역학을 고려한 가마는 유기적이고 튼튼한 반투명 소재로 만들어졌다. 프랭크 허버트의 소설에서는 사막 벨트라고 불린 아라키스의 폭풍 벨트에서 강한 바람을 견딜 수 있을 정도로 튼튼하다. 세트 데커레이터 셰인 비오는 이렇게 회상했다. "가마의 크기가 여섯 번 변한 끝에 이렇게 한 사람이 앉을 수 있는 작고 완벽한 모양이 되었습니다. 정말로 기막히게 근사해요."

BEYOND THE
STORM BELT

폭풍 벨트 너머

사막의 선

폭풍 벨트를 건너 남쪽으로 가는 여행은 힘들어서 방심할 수 없다. 사람이 살지 않고 발을
들여놓기도 힘들다고 알려진 아라키스 남반구는 황량한 곳인데, 바로 그 때문에 사람들
머릿속에 깊이 박힌 종교적 열정을 더욱 키울 수 있는 비옥한 토양이기도 하다. 제시카는
이 점을 굳게 염두에 두고, 자신이 리산 알 가입이라고 믿는 사람, 즉 아들을 위해 예언을
부채질해 길을 닦아주려고 모래벌레를 이용해 남반구로 길을 떠난다. 자신의 존재가
그곳에서 어떤 결과를 낳을지 예견한 폴은 거리를 두려고 갖은 노력을 기울이지만, 결국은
다른 선택의 여지가 모두 사라져서 어쩔 수 없이 받아들인다.

　　프랭크 허버트가 소설에서 사막 벨트라고 묘사한 이곳에서는 폭풍이 행성을 가로지르는
분단선이 되어, 아라키스를 전쟁으로 얼룩지고 위험한 북부의 모래언덕들과 고집스럽고
냉혹한 남부의 바위투성이 풍경으로 가르는 역할을 한다. 영화에서는 화성의 표면을
참고삼아 남반구의 질감을 구상했으며, 실제 촬영이 이루어진 요르단의 사막 풍경에 맞춰
나중에 시각효과가 첨가되었다.

　　아라키스 북부의 많은 지역이 와디 럼 사막에서 촬영되었다면, 남부 특유의 어두운
바위 풍경을 촬영하려면 새로운 장소를 찾아내야 했다. 드니는 2009년에 <그을린 사랑>
을 촬영할 때 검은 사막을 본 적이 있었다. 그로부터 13년 뒤 그는 <그을린 사랑> 때 함께
일했던 요르단 현지 프로듀서 푸아드 칼릴에게 그 장소를 다시 찾아달라고 부탁했다. 이
검은 사막은 햇볕에 타고 화산암을 닮은 천연 바위로 뒤덮인 곳이라서, 드니가 찾으려고
하는 풍경과 정확히 일치했다. 이 땅에 발을 들여놓으면 마치 다른 세상에 온 것 같은 기분이
들었다. "우리가 족쇄를 차고 걷는 것 같은 소리가 나." 파트리스는 이렇게 소리쳤다.

182~183쪽: 새끼 모래벌레의 콘셉트 그림.

184쪽: 우주에서 본 아라키스.

185쪽: 폭풍 벨트를 가로지르는 모래벌레들의 대이동을 묘사한 콘셉트 그림.

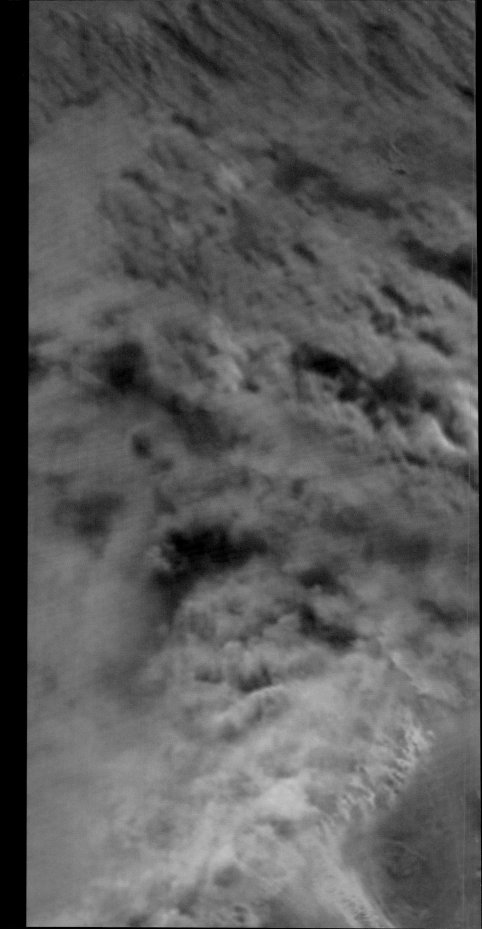

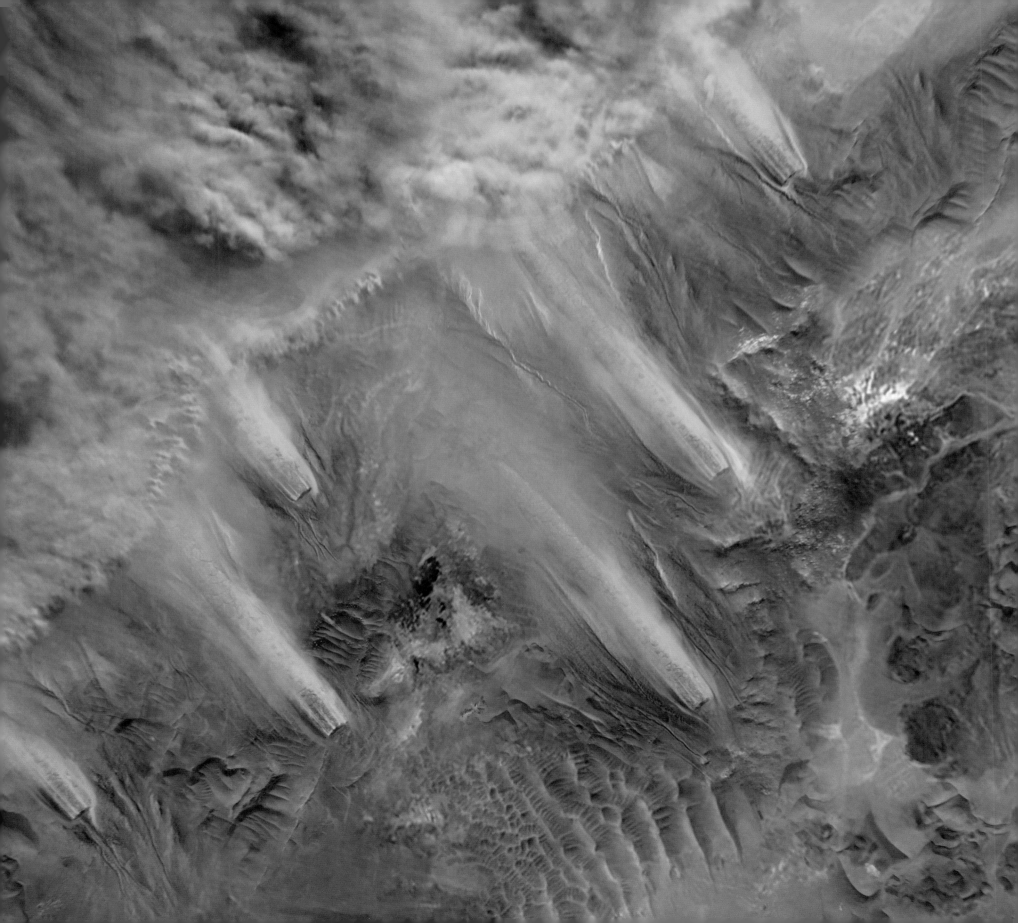

186~187쪽: 창조자 신전의 외부 콘셉트 그림.

186쪽 위: 신도들이 신전 입구 앞에 줄 서있다.

188~189쪽: 두 개의 그릇이 있는 창조자 신전 콘셉트 그림.

188쪽 아래: 부다페스트에 지어진 창조자 신전 세트의 외부 구조물.

창조자와의 만남

예언과 뿌리 깊이 연결된 창조자 신전에서 생명의 물의 원천이 드러난다. 남부에 도착한 제시카는 모래벌레 새끼들을 키워 그 신성한 독약을 추출하는 일을 맡은 창조자 지킴이를 만나러 간다. 신전 외부는 우리가 '원조 창조자 신전'이라고 부른 요르단의 한 장소에서 촬영했는데, 남부의 어두운 색조와 일치하는 바위들이 있는 곳이었다. 파트리스는 천연바위의 표면에 별도로 제작한 피복을 씌워 커다란 석조 기둥이 양편에 있는 신전 입구를 만들어 냈다.

신전 내부 장면은 부다페스트의 스튜디오에서 촬영했다. 사실상 신전 세트 전체를 만들어 놓은 그곳의 한쪽 옆에서 대모는 창조자 지킴이가 모래 속에 있던 모래벌레를 불러내 물이 있는 곳으로 데려와서 파란색 독약을 추출하는 모습을 지켜본다. 아라키스는 물이 귀한 곳이므로, 드니는 세트의 물그릇을 얕게 만들라고 조언했다. "깊이가 30센티미터 남짓한 그릇 모양으로."

나중에 폴이 나타나 어떤 남자도 살아남지 못한 일을 시도할 때, 신전의 모양과 구조가 훨씬 더 깊은 의미를 얻는다. 생명의 물을 섭취한 그는 돔 모양의 뚜껑이 덮인 두 개의 그릇 사이에서 죽음과 비슷한 상태로 빠져든다. "두 개의 원이 영원의 상징인 8자를 만듭니다." 파트리스는 이렇게 설명했다. "모래는 죽음이고 물은 생명입니다. 폴은 이 둘 사이에 붙들려 있어요."

새끼 모래벌레

190쪽 아래: 새끼 모래벌레의 입(왼쪽)과 외부 돌출(오른쪽) 콘셉트 그림.

191쪽: 앨리슨 홀스테드가 연기한 창조자 지킴이는 작게 혀를 차는 듯한 소리를 내서 모래벌레를 달랬다.

새끼 모래벌레를 둘러싸고 많은 대화가 오갔다. 디자인, 제작방법, 움직이는 방법. 드니는 이렇게 말했다. "약 3미터 길이의 진짜 벌레, 보아뱀 같은 벌레를 만드는 것이 이상적입니다." 전적으로 CG만 사용할 것인지 아니면 실제 벌레를 만들어 기계적으로 제어할 것인지를 놓고 토론을 벌인 끝에 벌레의 움직임을 실제로 촬영하자는 결정이 내려졌다. "가끔은 옛날 방법이 최고라는 생각이 들어요." 드니는 사실적인 벌레를 만들어 현장에서 조종하자는 결론을 내리면서 이렇게 말했다. "완벽한 세상이라면, 배우의 몸에 와이어를 두르는 방법을 쓸 겁니다." 이 역할에 발탁된 영국 배우 앨리슨 홀스테드는 자신의 몸을 능숙하게 이용해, 강력한 모래벌레의 힘을 관객들에게 생생하게 보여주는 연기를 했다.

제시카는 창조자 신전에 처음 도착했을 때 벌레가 모래 위에서 둥글게 원을 그리며 움직이다가 다시 모래 속으로 파고드는 모습을 목격한다. 이 장면이 <2부>에서 특수효과팀의 가장 큰 과제였다. 게르트는 이렇게 말했다. "작은 일에 가장 많은 노력이 들어갈 때가 아주 많습니다. 우리는 사슬로 연결된 공 여덟 개로 벌레를 만든 다음, 모래 속의 특수 나선형 튜브를

가죽처럼 입혔습니다." 수동으로 조종하는 기계장치를 개발해서 시험하는 데에는 6주가 걸렸다. 모래 속에 묻어둔 두 개의 트랙 중 하나는 벌레가 둥글게 움직이는 모습을 촬영하는 데 쓰였고, 다른 하나는 창조자 지킴이가 바닥을 두드리면 벌레가 그녀를 향해 곧장 나아가는 모습을 촬영하는 데 쓰였다. 새끼 모래벌레는 완전히 자란 샤이 훌루드와 똑같이 규칙적인 진동에 흥분해서 갑자기 위로 솟아올라 공격한다. "뱀처럼, 악몽처럼 빠르게 뛰어올라야 합니다." 드니는 이렇게 설명했다.

대본에 따르면, 흥분한 벌레가 창조자 지킴이 주위에서 거칠게 움직이다가 단조로운 휘파람 소리에 갑자기 얌전해진다. 하지만 배우 앨리슨 홀스테드는 작게 혀를 차는 듯한 소리를 내기 시작했고, 드니는 그것을 아주 좋아했다. 다 자란 벌레가 내는 소리를 연상시킨다는 것이 그 이유였다. 벌레를 그릇 속 물에 담그면, 벌레는 몸부림을 친다. 벌레 기계장치를 만든 이반 포하르노크는 기계 조종사 네 명과 함께 벌레 인형의 여러 부위를 제어하며 몸부림치는 장면을 만들어 냈다.

이 장면을 위해 새끼 모래벌레 모형을 여러 개 만들었다.
가벼운 발포고무로 만든 모형은 배우의 몸을 휘감는 용도로 쓰였고,
단단한 실리콘으로 만든 모형은 물속에서 몸부림치는 장면에
쓰였다. 모래벌레의 입 모양으로 만든 1.2미터 길이의 조각은
독을 추출하는 장면에 이용되었다."

군중을 뚫고

예언대로 폴은 사막의 봄의 눈물로 각성해서 퀴사츠 해더락으로 변신한다. 환영(幻影)이 더 선명해지고, 앞으로 나아가는 길이 또렷해진다. 자신의 혈통에 관한 진실을 알게 된 그는 불에는 불로 싸우는 길을 선택하고, 전쟁 위원회가 열리는 회의장으로 가서 그동안 줄곧 도망치던 운명이 자기 것임을 천명한다.

검은 바위가 곧 아라키스 남부임을 염두에 두고 선택한 '세 검은 산'이라는 장소에서 우리는 거대한 모래벌레가 뒤에서 풍경을 부수며 다가오는 가운데, 망토를 쓴 인물이 두려움 없이 카메라를 향해 성큼성큼 걸어오는 장면을 찍었다. 요르단의 아카바와 암만 사이의 딱 중간에 있는 이곳에 가려면 한참 동안 차를 몰거나 헬리콥터를 타야 했다. 아주 소규모 촬영팀이 티모테 샬라메와 함께 그곳으로 이동해, 열파 속에서 회의장으로 다가오는 폴의 실루엣을 찍었다.

사화산의 분화구에 위치한 회의장에서 폴은 적대적인 분위기와 맞닥뜨린다. 남부의 근본주의 전사들은 외계행성에서 온 자를 불신하지만 여기서 중요한 것은 그들이 예언을 믿는지 여부가 아니라 예언된 메시아가 바로 폴이라고 믿는지 여부다. 드니는 이 시퀀스를 "분노의 회랑"이라고 묘사했다. 사방에서 밀려드는 압박을 느끼며 프레멘 인파 사이를 이동하는 폴의 어깨 높이에서 카메라가 그를 따라간다.

"나는 폴 무앗딥 아트레이데스,
아라키스의 공작이다.

신의 손이 나의 증인이며,
나는 외계에서 온 목소리다.
내가 너희를 낙원으로 이끌 것

폴 무앗딥 아트레이데스

198~199쪽: 회의장 외부의 최종 콘셉트 그림.

200~201쪽: 회의장 입구에서 수백 명의 엑스트라가 적대적인
분위기를 연출하는 장면을 부다페스트에서 촬영했다.

리산 알 가입이 되다

폴은 자신이 낙원으로 향하는 길을 이끌 구세주인 리산 알 가입이라고 선언한다.
영화에서 가장 중요한 순간이다. 이 장면에서는 놀라운 콘셉트 그림을 재현하는
것이 과제였는데, 이 세트 역시 아주 거대해야 했다. 촬영지로 고려되는 장소가 바뀔
때마다 세트도 달라졌다. 파트리스는 이렇게 회상했다. "세트의 개념을 잡는 데 오랜
시간이 걸렸습니다. 〈듄: 1부〉에 나온 넥서스 세트만큼 복잡했어요."

제작과정 내내 디자인이 유동적이었지만, 끝까지 변하지 않은 건축적인 요소가
있다. 폴이 군중보다 높은 위치의 돌 둔덕에 서는 것. "그는 프레멘의 예언 속
이야기들이 새겨진 일련의 동심원 한가운데에 있습니다." 파트리스는 이렇게
설명했다. 핵심 인물인 폴의 위치가 군중보다 얼마나 높아야 하는지 결정하기 위해
여러 차례 연구가 시행되었다.

드니는 이 장면을 "수만 명의 프레멘이 침묵 속에 앉아있습니다"라고 묘사했다.
그러나 사용할 수 있는 의상이 고작해야 300벌 언저리였다. 부족 지도자, 프레멘
순찰대, 장로의 의상을 모두 포함한 숫자다. 따라서 이 숫자에 맞춰 배우들을

202~203쪽: 회의장으로
들어가는 폴을 묘사한 콘셉트
그림.

캐스팅해야 했다. 이렇게 많은 사람에게 옷을 입히는 것 자체가 힘든 일이었다. "그들은 사막복과 시에치 의복을 입을 겁니다. 옷을 최대한 많이 만들어야 해요." 드니는 이렇게 말했다. 그러나 사막복을 만드는 작업이 워낙 복잡했기 때문에 대안이 마련되었다. 바디슈트에 사막복 이미지를 프린트해서 프레멘 복장을 완전히 갖춘 듯한 환상을 만들어 내는 방법이었다. 거기에 망토; 스카프, 얇은 천 같은 것을 여러 겹 덧붙이면 그들이 군중 속에 더욱 녹아들었다.

이렇게 추가 의상을 마련했는데도 군중의 규모가 아직 부족했다. 따라서 시각효과로 군중을 만들어 낼 필요가 있었다. 이 그래픽 제작을 위해 모든 엑스트라 배우들은 일어서고 앉을 때 한사람처럼 움직여야 했다. 폴 램버트는 그들을 계속 주시하던 경험에 대해 이렇게 말했다. "그들의 머리를 하나도 빼지 않고 일일이 지켜봐야 했어요."

"초기 콘셉트 그림에서는 군중 사이에 랜턴을 여러 개 놓아 주위를 밝혔으나, 나중에는 천장에서 햇빛이 새어 들어오는 디자인으로 바뀌었다."

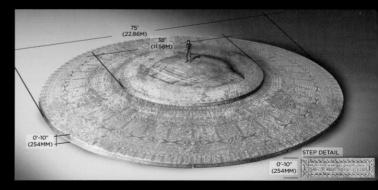

204쪽 위: 회의장의 콘셉트 그림.

204쪽 왼쪽 아래: 회의장 세트

204쪽 오른쪽 아래: 돌 둔덕의 콘셉트 그림.

205쪽: 부다페스트의 세트에서 폴 무앗딥 아트레이데스를 연기하는 티모테 샬라메

영향력 있는 목소리

남부에서 대모는 강력하고 존경받는 존재다. 대모가 구현하는 종교적 믿음에 대해 프레멘들이 훨씬 더 회의적인 태도를 보이는 북부와는 크게 다른 점이다. 회의장에 모인 대모 스무 명 중 제시카는 영향력이 가장 크고 지위가 가장 높은 사람으로 부상한다. 그녀가 리산 알 가입의 어머니라는 믿음 덕분이다.

⟨1부⟩의 베네 게세리트와 달리 사막의 대모들은 검은 옷이 아니라 흙과 비슷한 색의 옷을 입는다. 색 바랜 주황색과 강렬한 갈색 계열의 옷이다. 재클린은 "제시카가 남부로 옮겨가면서 우리의 팔레트가 완전히 달라졌어요"라고 설명했다. "그들은 은색과 금색은 물론 기세를 죽인 아보카도 색과 비슷한 올리브 그린 색의 옷도 입습니다. 색상이 훨씬 더 따뜻하고, 훨씬 더 화려해지죠."

드니는 대모의 실루엣을 페르시아 융단 더미에 비유했다. "아주 덩치가 큰 것처럼 보여야 하지만, 그 겉모습 속에는 여성적인 여자가 있습니다. 그들이 겉으로 드러내는 체구가 정치적 영향력을 반영하는 것처럼 보입니다." 그는 이렇게 겹겹이 옷을 겹쳐 입는 방식이 ⟨1부⟩에서 의상팀이 거둔 승리 중 하나였음을 강조하면서, 두 번째 영화에서는 이 디자인 요소를 한층 더 끌어안기를 원했다. "아주 오래된 옷이어야 한다는 데에 착안했어요. 이집트 석관과 거의 비슷할 만큼." 재클린의 말이다.

의상 제작에 쓰인 천들은 모두 부다페스트에서 아주 오래된 것 같은 효과를 꼼꼼히 입힌 뒤 손으로 염색해서, 프랭크 허버트가 《듄》에서 창조한 언어를 바탕으로 차콥사어 글자들을 손으로 그려 넣었다. 일일이 손으로 만든 목걸이는 대모들의 힘과 지위만큼이나 많은 보석을 붙여 의상을 복잡하게 장식하는 마지막 장치가 되었다.

206쪽: 남부 대모들의 지도자로 서있는 레이디 제시카.

207쪽: 남부 베네 게세리트의 의상 콘셉트 그림.

CATACLYSM
대격변

"내가 보는 환영은 모두 끔찍한 광경으로 이어진다.
은하계의 모든 행성에 수십억 구의 시신이 흩어져
있다.
모두 나 때문에 죽어간다."
폴 무앗딥 아트레이데스

환영(幻影)

<듄: 2부>의 마지막은 가히 대격변이라고 할 만하다. 영화에서 이러한 결말까지 이어지는 길을 놓는 것은 폴이 보는 미래의 환영이다. 새로 아라키스 공작이 된 폴은 아버지의 두개골을 모신 신전에서 예배를 드리는 프레멘들로부터 어머니가 해골들 사이를 걷는 반복적인 경고와 원자탄 폭발로 챠니의 얼굴이 녹아내리는 꿈에 이르기까지 앞으로 다가올 비극의 원천이 바로 자신임을 너무나 잘 알고 있다.

생명의 물 때문에 죽음 직전까지 갔다가 살아나 스스로 리산 알 가입이라고 선포한 폴은 도망칠 수 없는 자신의 운명을 향해 걸어간다. 이제 모든 것을 보는 예언자가 된 그는 미래를 아주 상세히 예언할 수 있을 뿐만 아니라, 그 미래에 동반되는 공포도 알고 있다.

208~209쪽: 제국 막사와 다가오는 폭풍을 묘사한 콘셉트 그림.

210~211쪽: 폴의 환영 속에 나타난 앙상한 시체들의 콘셉트 그림.

원자탄 저장고

아라키스를 장악한 폴은 프레멘 전사들의 전적인 지지를 받을 뿐만 아니라 가문의 원자무기에도 접근할 수 있게 된다. 거니는 "행성 전체를 날려버릴 수 있는 양"이라고 구체적으로 말한다. 스파이스 밭을 모두 파괴해 스파이스 생산에 종지부를 찍을 수 있는 능력은 곧 제국에서 진정한 힘을 의미한다.

아트레이데스 원자탄 저장고가 발견되는 것은 폴이 거니와 재회했을 때다. 거니는 가문의 무기가 어디에 숨겨져 있는지 알고 있다. "폴, 챠니, 스틸가, 거니가 절벽을 올라가 산속으로 이어진 천연입구 앞에 도착합니다." 드니는 이 장면을 이렇게 연출할 것이라고 설명했다. 이 시퀀스는 바위 위에 높이 자리 잡은 요르단의 천연동굴에서 촬영했다. "절벽 중간쯤에 있는 동굴이었습니다." 로케이션 담당자인 덩컨 브로드풋은 이렇게 회상했다. "우리는 영국에서 전문가를 데려와 계단을 만들어야 했습니다. 4층 높이의 계단이었죠. 만약 우리가 드니를 그 위로 올릴 수 있다면, 그 동굴이 틀림없이 촬영장이 될 것이라는 확신이 들었습니다." 파트리스는 그 계단을 만드는 것이 3만 달러짜리 도박이었다고 설명했다. 만약 드니가 이 장소를 선택하지 않는다면, 그 복잡한 장비는 드니가 이곳을 조사할 때 단 한 번만 사용되고 말 운명이기 때문이었다. 하지만 파트리스는 드니가 이 동굴을 좋아할 것이라고 확신했으므로, 계단을 만드는 것은 그곳에 접근하기 위해 꼭 필요한 투자가 되었다.

대본에 따르면, 등장인물들은 산속으로 들어간 뒤 아트레이데스의 상징인 매가 그려진 커다란 문을 발견한다. "내게는 이 탄두들이 모습을 드러낸 때의 극적인 효과가 중요해." 드니는 부다페스트에서 촬영한 저장고 실내 장면에 대해 파트리스에게 이렇게 말했다. 파트리스는 이렇게 회상한다. "이스탄불 공항에서 비행기를 기다리며 이 세트를 디자인하던 기억이 나네요." 커다란 문과 저장고 내부로 통하는 짧은 터널은 부다페스트에 만들어졌다. 그다음부터는 시각효과팀이 나서서 아트레이데스 가문의 탄두 92개가 가득한 동굴 저장고의 모습을 만들었다.

"크고 둥근 문이 옆으로 굴러가듯 열리면서 어두운 통로가 나타납니다. 거니가 휴대용 발광구를 꺼내 들자, 가느다란 빛줄기들이 생겨나죠." 파트리스는 빛과 통로의 구조가 서로를 더욱 북돋아 주게 디자인했다고 말했다. "공중에 둥둥 떠오른 발광구가 선명한 빛의 고리 다섯 개를 만들어 내고, 그 빛이 움직이면서 터널의 윤곽을 끌어안습니다. 그러다 발광구가 회전하는데, 그때 원자탄이 모습을 드러내죠. 원자탄은 후반작업 때 화면에 들어갔습니다." 이 장면을 위해 그리그는 콘셉트 그림에 묘사된 빛의 패턴을 정확히 재현하는 조명장치를 설계했다.

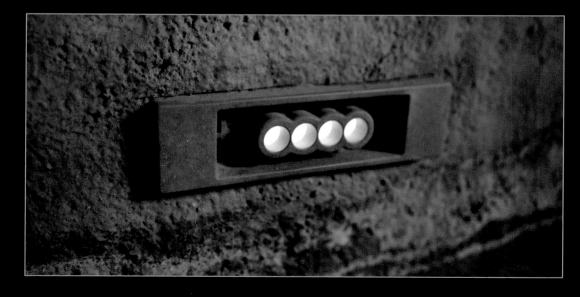

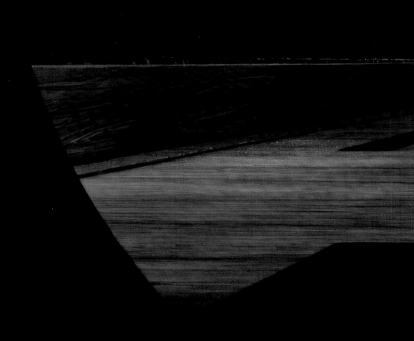

212~213쪽: 아트레이데스 원자탄 저장고의 콘셉트 그림.

212쪽: 아트레이데스 혈통에게 저장고의 문을 열어주는 DNA 스캐너 사진.

녹아내리는 바위

아트레이데스의 원자무기들을 배치하기 전에 하코넨이 한 번 더 아라키스를
공격하면서 폴의 복수 욕망에 더욱더 불을 지른다. 폴이 돌이킬 수 없는 길에
들어서는 지점이다. 폭음 때문에 잠에서 깬 그는 타브르 시에치에 폭격이 쏟아지고
있음을 깨닫는다. <1부>에서 아트레이데스 가문이 완전히 무너지는 장면을
연상시키는 이 장면에서는 이번에 새로 디자인한 폭격기들이 모든 것을 닥치는
대로 파괴한다.

　이 공습이 끝난 뒤 남은 것은 가슴 아픈 모습이다. 부상당한 생존자들은 새의
동굴로 피신하는데, 거기서 폴은 스틸가가 심한 부상을 입은 사실을 알게 된다.
"프레멘이 65~70명쯤 될 겁니다. 부상당한 사람들, 모두 민간인입니다." 드니는
이 장면을 준비하면서 이렇게 강조했다. 동굴 안에서 앓는 피난민들의 모습은 10
분 동안 끊어지지 않고 이어지는 시퀀스로 촬영되었다. "엑스트라 배우들은 이
장면을 위해 훈련과 연습을 거쳤습니다. '액션' 소리에 모두들 이 장면 속으로
뛰어들어 고통과 혼란의 소용돌이를 만들어 냈고, 그리그는 종군 사진기자처럼
즉흥적인 촬영으로 그 강렬한 모습을 포착했어요." 드니는 이렇게 회상했다.

　프레멘은 하코넨의 분노를 피해 남쪽으로 도망친다. 페이드 로타는 자신이
만들어 낸 참상을 직접 보려고 새의 동굴을 찾아오지만, 그가 만난 것은 부족의
후퇴를 숨기기 위해 자진해서 뒤에 남은 생존자 한 명뿐이다. 칼 한 자루로 하코넨
아홉 명을 죽인 시샤클리는 화염방사기로 온몸에 불이 붙어 새처럼 죽어갈 것이다.

214쪽 오른쪽: 새의 동굴의
채광창. 둥지 역할을 하는
구멍들이 보인다.

214쪽 아래: 부다페스트에
지어진 새의 동굴 세트에서
촬영 중인 제작진.

215쪽: 세트장에 있는
촬영감독 그리그 프레이저와
드니 빌뇌브 감독.

"새의 둥글은 기본적으로 뼈로 만든
하모니카의 내부 같은 곳입니다.
벽의 표시들은 거대한 지문,
프레멘의 정체성을 상징합니다."

파트리스 베르메트, 프로덕션 디자이너

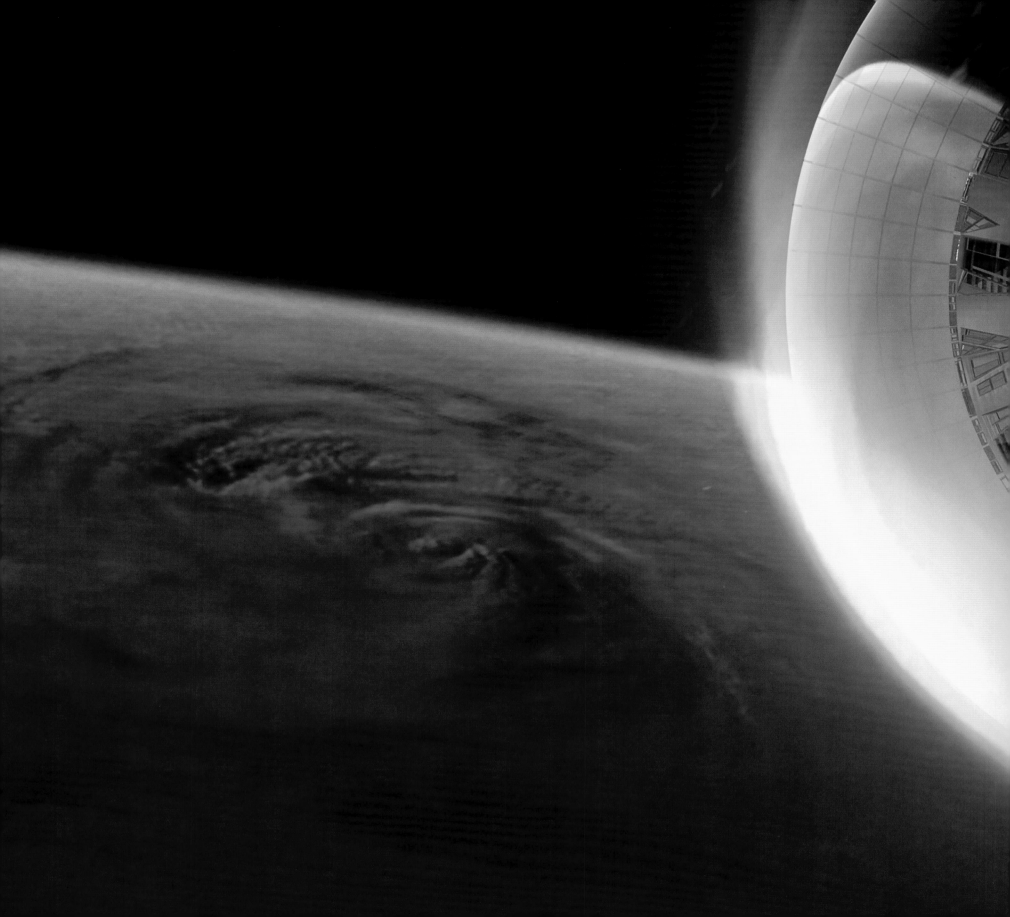

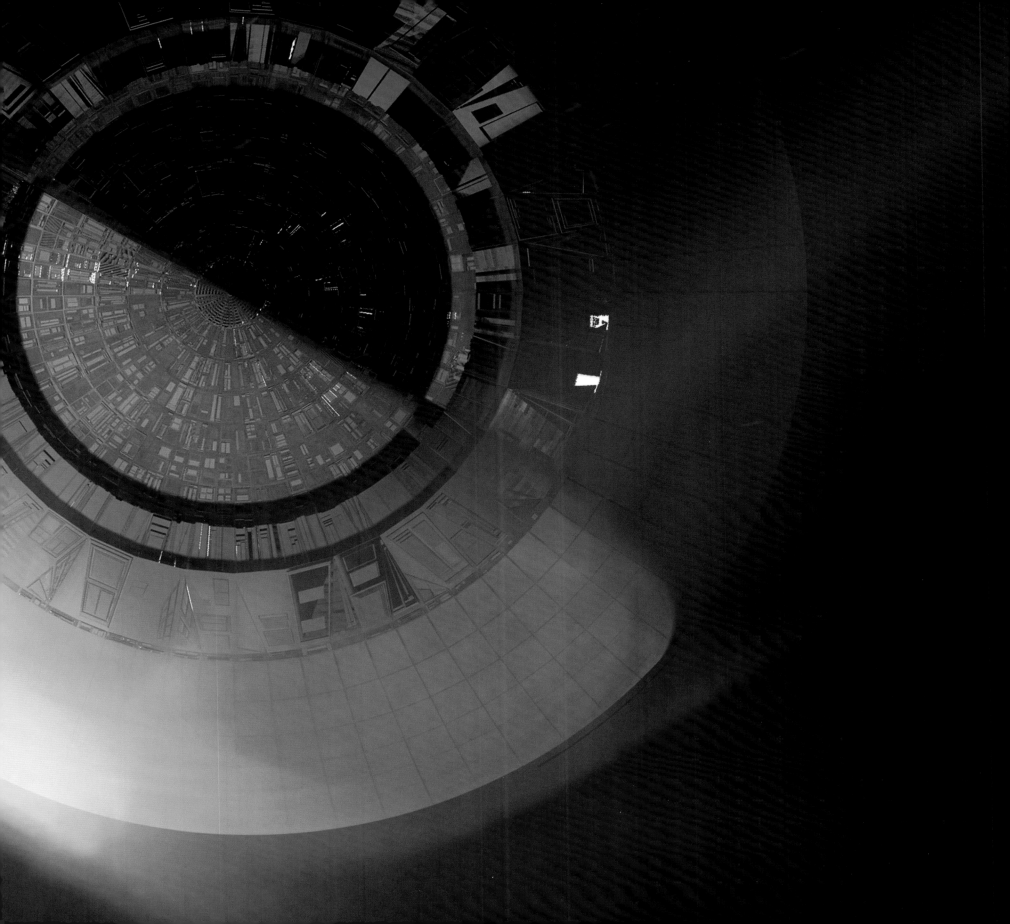

"제국 막사 디자인은
바람 따라 움직이는 물처럼 보이는
금속판으로 만들어진
야외 설치 작품에서 영감을 얻었다."
파트리스 베르메트, 프로덕션 디자이너

제국 막사

폴 무앗딥 아트레이데스에게 도발당한 황제가 무력을 과시하며 아라키스에 도착해, 아라킨시 기슭에 군단을 배치하고 대형 제국 막사를 설치한다. 둥그란 공 모양 우주선의 디자인은 <1부>에 나온 제국 우주선과 비슷하지만, 이번 우주선이 훨씬 더 크다.

이 우주선은 여행에 사용될 뿐만 아니라, 위풍당당한 제국 막사를 펼쳐 제자리에 고정하는 역할도 한다. "막사는 여러 층의 금속판으로 만들어져 있습니다." 파트리스는 디자인을 이렇게 설명했다. "막사를 접을 수 있다는 인상을 주기 위해 1970년대 말에 나온 손목시계의 손목띠를 디자인의 기반으로 삼았어요. <듄>의 이야기 규모가 워낙 크기 때문에, 막사의 규모에도 그 점이 반영되어야 했습니다."

제국 막사의 외부 구조는 시각효과 회사인 DNEG가 처음부터 끝까지 컴퓨터로 만들어 냈다. 작업 감독은 폴 램버트가 맡았다. "황제의 막사가 세워지는 출발점은 우주선에 부착된 평평한 금속판입니다. 우리는 그 금속판이 펼쳐지면서 온갖 복잡한 기계장치들이 올라오는 모습을 만들어 내야 했어요."

반면 막사 내부는 실제로 지어진 세트장이다. CG의 금속 질감 벽들이 빛을 반사할 때와 똑같이 이 세트에서도 빛이 반사되도록 벽에 색을 칠했다. "이것은 <듄: 2부>의 실내 세트 중에서 규모가 가장 큽니다." 폴은 이렇게 말했다. 부다페스트에 있는 약 9600평방미터 넓이의 전시관 중 절반을 차지한 이 세트는 13.5미터 높이의 천장까지 닿았다. "촬영할 때는 에어컨을 꺼야 합니다. 색을 칠한 천이 조금이라도 움직이면, 내가 나중에 벽에 질감을 입힐 때 무수한 문제가 생길 테니까요." 폴은 이렇게 설명했다.

216~217쪽: 아라키스의 대기권으로 진입하는 제국 우주선의 콘셉트 그림.

218~219쪽: 아라킨 외곽에 세워진 제국 막사와 우주선의 콘셉트 그림.

피라미드 권력

막사 내부는 제국의 권력 구조를 상징하는 피라미드 모양으로
설계되었다. 처음에 황제는 먹이사슬 꼭대기에 있는 옥좌에 이룰란
공주, 모히암 대모와 함께 앉아있다. 반면 남작, 라반, 페이드 로타는
계단 아래에서 그들 앞에 무릎을 꿇고 있다. 그러나 장면이 진행되면서
변화하는 정치적 역학에 따라 인물들의 위치도 바뀐다.

콘셉트 그림에는 금속성 질감과 더불어, 손목시계의 손목띠를
구성하는 연결조각들처럼 생긴 바닥 타일도 묘사되어 있다. 좁은 틈
두 곳에서 들어오는 빛이 이 피라미드 모양 세트에 십자가를 투사해서,
은연중에 종교적인 신앙을 연상시킨다.

220~221쪽: 제국 막사 내부
콘셉트 그림. 《2부》의 촬영
세트 중 가장 크다.

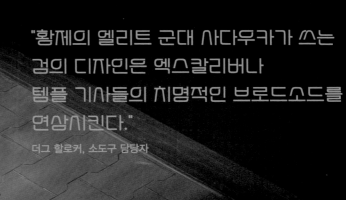

"황제의 엘리트 군대 사다우카가 쓰는 검의 디자인은 엑스칼리버나 템플 기사들의 치명적인 브로드소드를 연상시킨다."

더그 할로커, 소도구 담당자

222~223쪽: 이룰란 공주, 황제, 모히암 대모, 제국 보좌관 30명이 사다우카 40명에게 보호받고 있다.

223쪽 아래: 황제의 엘리트 군대 사다우카의 검.

폭풍과 벌레

황제가 아라키스의 지배력을 잃어버렸다며 하코넨을 비난하는 동안, 폴은 사막의 산에서 제국 막사와 아라킨시를 향한 다면적인 공격을 계획한다.

　드니는 영화에서 내내 그랬던 것처럼, 프레멘의 뛰어난 능력과 독창성을 강조하기 위해 그들이 압도적으로 많은 적을 상대하는 모습을 일부러 보여주었다. 이 대규모 공격에서 프레멘은 누구도 제압할 수 없는 폭풍과 모래벌레의 힘, 그리고 아트레이데스 가문의 원자무기를 조합해서 황제의 사다우카는 물론 하코넨 부대와도 대결한다.

　폴은 지도를 보면서, 탄두로 산맥을 분쇄해 '모래폭풍의 할머니'를 일으켜서 사다우카 방어시스템을 망가뜨린다는 계획을 설명한다. 한편 스틸가는 자신의 부대를 이끌고 모래벌레들을 불러내 제국 진영을 박살 낼 예정이다. 후반작업에서 드니는 프레멘의 강력한 공격을 더욱 강조하기 위해, 하코넨이 공중에서 반격하지만 파괴를 막지 못하는 장면을 삽입하기로 결정했다.

　폴과 페다이킨 전사들은 이 계획만으로는 부족하다는 듯이, 지상에서 사다우카 부대와 교전한다. "이 마지막 시퀀스에서 우리는 그들이 페다이킨 전투갑주를 완전히 차려입은 모습을 처음으로 보게 됩니다." 드니의 말이다. 두 부대가 충돌하는 동안 카메라는 백병전을 벌이는 병사들 사이를 뚫고 나아가는 챠니를 따라간다. 제시카에게 말했듯이, 챠니는 폴이 아니라 동포들을 위해 싸우고 있다. 불처럼 타오르는 파란 눈에 그녀의 결의가 또렷하다.

224쪽: 모래벌레가 사다우카 진영을 공격하고 있다.

225쪽 위: 다가오는 모래벌레들을 하코넨 오니솝터가 공격하는 모습을 묘사한 스토리보드.

225쪽 아래: 모래벌레를 타고 돌격하는 페다이킨을 묘사한 콘셉트 그림.

거니의 복수

밤이 내릴 무렵까지 페다이킨은 앞을 막는 하코넨 군인들을 모조리 죽이며 아라킨의 거리로 진입한다. 거니는 그들과 함께 싸우면서, 수십 년이나 묵은 경쟁에 종지부를 찍기 위해 라반을 찾아다닌다.

거니의 궁극적인 복수는 10월에 부다페스트의 오리고 스튜디오 백로트에서 촬영되었다. 이 세트에 도시의 거리 대신 설치된 모래 색깔 스크린들은 나중에 시각효과로 대체될 것이다. 조명과 바람이 묵시록 같은 분위기를 만들어 내고, 조시 브롤린이 연기한 거니는 여기서 적을 상대로 정교한 격투를 벌인다. "드니는 자신이 무엇을 원하는지 놀라울 정도로 분명하게 표현합니다. 이 장면에서는 심지어 조시의 걸음 속도까지 말해줄 정도였어요. 이렇게 세세한 설명은 액션을 올바르게 연기할 수 있는 기초가 됩니다." 무술감독 리 모리슨은 이렇게 설명했다.

드니가 강력히 주장한 것 중 하나는 라반이 반드시 빠르지만 화려한 죽음을 맞아야 한다는 점이었다. 불타는 폐허 한복판에서 마침내 다시 만난 거니와 라반은 온통 피범벅이다. 라반은 평생의 적인 거니가 아직 살아있는 것을 보고 화들짝 놀란다. 거니는 이 놀라움의 순간을 이용해서 단번에 라반을 찌른다. 무술감독 로저 위안은 거니가 잔혹하게 목을 찌르는 장면에 대해 이렇게 설명했다. "나는 이것을 과거의 전통적인 사무라이 대결로 구상했습니다. 눈을 깜박이면 죽는 거죠. 그래서 나는 거니에게 짧은 칼을 거꾸로 쥐고 다가가라고 말했어요. 폴 아트레이데스의 방법입니다."

싸움이 끝난 뒤 페다이킨은 적의 시체를 불에 태운다. 하코넨 군대가 아트레이데스 가문 군인들의 유해를 불태우던 영상이 다시 소환된 것 같다. 해가 떠오르면서 남작의 시체가 사막에서 개미들에게 먹히고 있는 모습이 드러난다. 폴이 거니와 비슷하게 칼로 목을 찔러 그를 죽였다.

원점으로

228~229쪽: 아라킨을 굽어보는 작전실 콘셉트 그림.

폴은 황제, 이룰란 공주, 페이드 로타를 포로로 잡은 뒤 아라킨 레지던시에 쳐들어간다. 그의 가족이 <1부>에서 살던 곳이다. 최후의 전투 장면은 <1부>에서 이미 본 적이 있는 궁전 같은 건물로 우리를 다시 데려간다. 새로 설계한 작전실이 그 무대다. 수백 명이 들어갈 만큼 커다란 공간인데도, 이 방의 분위기는 비공개 재판을 연상시킨다. 거의 폐소공포증이 느껴질 정도다. 숨을 곳이 전혀 없어서 등장인물들은 이야기의 흐름에 따라 자신의 행동에 책임을 져야 한다.

폴은 구세주 역할에 적응하면서 챠니를 영원히 잃어버렸음을 깨닫는다. 그러나 그는 숨을 쉬며 살아있는 한 그녀를 사랑할 것이다. 폴이 이룰란과의 결혼을 제의하자 챠니는 더욱 큰 상심과 분노를 느낀다. 공주는 아버지의 이름으로 제국을 통치하게 될 것을 알기 때문에 이렇다 할 반응을 보이지 않는다. 곧 이어 폴은 레이디 제시카, 모히암 대모, 스틸가, 거니가 지켜보는 가운데, 그동안 준비해 왔던 운명을 실행에 옮겨 아버지의 죽음에 대한 복수를 한다.

폴과 페이드 로타가 벌이는 격렬한 싸움과 드라마를 이 장면에 담는 데 열흘이 걸렸다. 여기서 페이드 로타는 황제의 전사로 나선다. 프로듀서 케일 보이터는 이렇게 말했다. "칼을 들고 벌이는 이 결투는 우리 영화에서 셰익스피어의 분위기가 진하게 배어나는 순간입니다. 폴은 아버지를 위한 복수를 추구하다가 영혼을 잃고 자신을 에워싼 권력 역학의 도구가 됩니다. 그가 이렇게 끔찍한 역할로 빠져드는 과정을 우리는 이해할 수 있어요. 이 영화는 선과 악 사이의 그 회색지대에 존재합니다."

최후의 결투

드니에게 싸움은 그냥 싸움이 아니다. 서사의 가닥을 지탱하는 이야기를 들려주는 싸움이어야 한다. 그는 이 점을 염두에 두고, 이 결정적인 결투가 <1부>에서 벌어진 폴과 야미스의 결투보다 세 배 더 길어야 한다고 주문했다. "폴이 동등한 상대를 만난 것처럼 위험한 느낌이 들어야 합니다."

티모테 샬라메와 오스틴 버틀러는 각자가 맡은 인물을 연기하는 데서 그치지 않고, 복잡한 무술 연기 속에서 서로의 능력을 최대한 이끌어 냈다. "두 사람 모두 놀라운 배우들이고, 몸을 쓰는 재능도 뛰어납니다." 리 모리슨은 이렇게 말했다. "함께 연기하면서 두 사람은 끊임없이 서로를 밀어붙여 연기의 차원을 끌어올렸어요. 두 사람이 싸우는 속도를 보고 좀 천천히 하라고 말해야 할 정도였습니다. 싸움이 어떻게 진행되는지 우리 눈에 보이지 않았거든요. 그만큼 두 사람의 움직임이 빨랐어요."

작전실을 짓는 데는 22주가 걸렸다. 세트의 무게를 감당하며 세트 전체를 위로 들어올리는 대형 구조물도 여기에 포함되었다. 우리의 상상 속에서 이 작전실은 레지던시 꼭대기에서 아라킨을 굽어보는 위치에 있다. <1부>의 구조가 여기에 반영되었을 뿐만 아니라, 원래 세트의 여러 요소도 차용되었다. "작전실로 통하는 문은 레토의 사무실에 쓰였던 바로 그 문입니다. 작전실 한편에 우리는 <1부>에 나온 4미터 높이의 문을 설치하고, 맞은편에 그것과 같은 문을 두 개 더 설치했습니다." 파트리스는

이렇게 밝혔다.

그다음 차례로 그리그에게는 일출을 재현하는 복잡한 과제가 떨어졌다. 커다란 문을 통해 작전실로 햇빛이 비쳐드는 광경이다. "정말 굉장한 장치였습니다!" 드니는 스튜디오 일부를 완전히 뒤덮은 조명설비에 대해 이렇게 감탄했다. "내 평생 세트에서 그렇게 많은 조명등을 본 것은 처음입니다. 그리그는 엄청난 규모의 하늘을 창조했어요."

이 장면을 위해 그리그는 영혼의 저수지 세트에서 햇빛을 재현할 때처럼 보텍스8 LED를 사용했다. 그러나 작전실에서는 하늘과 도시 전경을 파노라마처럼 볼 수 있기 때문에, 떠오르는 해의 밝은 빛이 작전실을 밝히는 모습을 구현하기 위해 조명판이 800개나 사용되었다. "<1부>보다 <2부>에서 조명을 더 많이 사용했습니다." 그리그는 이렇게 밝혔다.

파트리스는 무대연출에 사용되는 기법에서 영감을 얻어, 하얀 비단 장막으로 그리그의 커다란 장치를 가리면서도 빛은 통과하게 했다. 이 천은 아래로 갈수록 점점 불투명해져서 지평선을 연출했다. 또한 작전실 안에서 아라킨시를 내다보는 사람들의 시각과 카메라 위치에 따라 장막을 올리거나 내려서 지평선 위치를 바꿀 수도 있었다.

230쪽: 작전실의 일출을 연출하는 데 800개의 개별 LED 조명 패널이 사용되었다.

231쪽: 작전실 장면. 폴(티모테 샬라메)과 페이드 로타(오스틴 버틀러)의 결투 장면까지 포함해서 열흘 동안 촬영했다.

아부다비

본 촬영팀의 마지막 공식 촬영일은 2022년 12월 8일이었다. 그날 마지막으로 찍은 숏은 공교롭게도 영화의 끝에서 챠니가 벌레 징후가 나타나지 않는지 복수심에 불타는 눈으로 먼 곳을 바라보는 장면이었다. 해 질 녘에 우리는 촬영을 끝냈다. 티모테와 하비에르가 아부다비의 모래언덕에서 젠데이아, 드니, 그리그, 촬영팀과 합류해 5개월 반에 걸친 촬영이 끝난 것을 축하했다.

모두들 촬영이 성공적이었다고 입을 모았다. 레전더리 엔터테인먼트의 실질 제작 담당 부사장 겸 책임 프로듀서인 허브 게인스는 이렇게 말했다. "아주 솔직히 말해서, 우리는 한 번도 겪은 적이 없는 난관들과 맞닥뜨렸습니다. 거기에 이 영화를 <1부>보다 더 크고 더 훌륭하게 만들어야 한다는 압박까지 있었습니다. 드니의 성실한 지도력과 업계 최고 수준인 촬영팀의 실력으로 우리는 모든 문제를 해결할 수 있었습니다."

<1부>의 경험은 두 번째 영화를 만들 때 확실한 자산이 되어, 촬영팀에 속한 모두에게 빠른 길을 알려주었다. 파트리스는 이렇게 말했다. "우리 모두 드니를 깊이 사랑합니다. 그래서 모두 한마음으로 그를 지원했어요." <듄: 2부>의 촬영은 모든 팀원이 전력투구해야 하는 힘든 작업이었다. 실제로 팀원들은 모든 것을 쏟아냈다. 케일 보이터는 이렇게 덧붙였다. "이미 한 번 이 작업을 해본 촬영팀이 함께하지 않았다면 어떤 것도 가능하지 않았을 겁니다. 핵심 팀에 속한 사람들은 모두 드니가 원하는 결과를 얻을 수 있게 무엇이든 하려고 했어요. 출연진도 같은 마음이었습니다."

"영화제작에 돌입했을 때,
우리는 그것이 얼마나 거대한 작업이 될지
온전히 이해하지 못했습니다."

케일 보이터, 프로듀서

232쪽: 아부다비에서 챠니를 연기하는 젠데이아.

233쪽: 촬영 마지막 날, 마지막 숏을 찍는 젠데이아.

종점

촬영팀 대다수는 2022년 12월 초에 집으로 돌아갔지만, 20여 명은 나미비아의 스바코프문트로 날아갔다. 마지막으로 하루 더 촬영을 하기 위해서였다. 그 팀의 이름은 '드림 유닛.' 이 소수의 팀이 최소한의 장비로 수행해야 하는 임무는 아프리카 남서 해안의 아름답고 놀라운 자연풍경을 카메라에 담는 것이었다.

우리는 나미비아 사막의 모래언덕 꼭대기로 올라가 너무나 현실 같지 않은 대서양의 풍경을 보았다. 이 독특한 풍경이 바로 우리가 이 먼 곳까지 온 이유였다. 예언처럼 사막행성 아라키스에 언젠가 물이 돌아온다면 그 행성의 풍경이 어떻게 변할지를 화면으로 보여주려고. 썰물이 들어오자 일대가 짙은 안개에 뒤덮였다. "그리그, 이렇게 못되고 어두운 물을 담는 것이 내 꿈이었어요. 정말 강렬해." 드니는 촬영감독에게 이렇게 속내를 털어놓았다.

2022년 12월 12일에 우리는 마지막 작별인사를 했다. 제작팀에게는 이것이 그동안 걸어온 여정의 끝이었다. 몇 주 안에 후반작업이 시작되면, 편집이 이야기에 생명을 불어넣고, 시각효과가 더 넓은 세계를 그려내고, 음향 디자인이 감정을 덧붙이고, 음악이 영혼을 부여할 것이다.

드니는 촬영 중에 이런 말을 자주 했다. "나는 사냥과 요리를 동시에 하지 않아요." 촬영과 편집을 동시에 하지 않는다는 뜻이었다. 이제는 요리를 할 시간이었다. "나는 이제 부엌에 깊숙이 들어와 있습니다." 촬영기간 내내 촬영된 필름을 모으고 있던 편집자 조 워커는 이렇게 말했다. "우리는 이 필름을 최고의 솜씨로 매만져서 대사와 액션의 리듬으로 노래를 만들려고 애쓰는 중입니다." 그동안에 한스 짐머는 점점 고조되는 음악으로 〈듄〉의 마법을 다시 실행할 것이다. 드니가 대본에 쓴 것처럼, 우리는 '풀 짐머 파워'로 간다.

프로듀서 메리 페어런트는 이렇게 말했다. "대단히 규모가 크고, 상업적이고, 세계적인 동시에 마음과 영혼과 예술이 있는 작업의 일부가 되는 것은 나의 가장 커다란 소망이었습니다. 알다시피 이런 기회는 아주 가끔 드물게 생겨나죠. 보통 대규모 영화의 촬영을 마치고 나면, 사람들은 이렇게 생각합니다. '와, 드디어 끝났다.' 하지만 이번 영화에서는 사람들이 눈물을 흘렸어요. 심지어 이 경험을 기념하는 문신을 새기는 사람도 있었습니다. 이 작업은 전 세계에서 온 사람들을 하나로 만들었습니다. 최고의 경험이었습니다."

감사의 말

감사드립니다...

... 창작과정을 공유해준 드니 빌뇌브

... 흔들리지 않는 지지를 보여준 레전더리 퍼블리싱의 로버트 냅턴

... 인사이트 에디션의 라울 고프, 바네사 로페스, 벤 로빈슨, 크리시 콰스닉

... 자신들의 이야기를 공유해 준 <듄> 패밀리.

파트리스 베르메트	메리 페어런트
그레그 프레이저	케일 보이터
더그 할로커	허브 게인스
폴 램버트	덩컨 브로드풋
게르트 네프저	파비앵 앙잘리크
리 모리슨	스튜어트 히스
조 워커	제이미 밀스
재클린 웨스트	데이비드 J. 피터슨
로저 위안	셰인 비오

... 풍부한 정보와 추가 이미지들을 제공해 준 MobScene의 크리스 밀러,
그리고 벌레 유닛을 담당한 사이먼 퍼시트

... 우리의 VFX 친구들: 브라이스 파커, 캐롤린 쉬어, DNEG.
프레멘의 푸른 눈을 담당한 와일리의 패트릭 하이넌과 제임스 리.
로데오 FX의 셰릴 바이넘과 디크 페랑. 테리토리.

... 우리를 위해 자료를 찾아준 <듄> 동료들:
타마스 팝, 알렉시 윌슨, 핀리 할로커, 로먼 레머.

... 레전더리 팀: 브리 도시, 앤 테일러, 제이미 맥닐, 루히 맨시.

... 토니 바베라, 제니퍼 포머랜츠, 워너 브러더스의 사진 편집팀.

... THE ART AND SOUL 이라는 제목을 처음 지은 조 르파비.

... 신뢰를 보여준 프랭크 허버트 가족.

스틸사진: 니코 태버니즈

다른 사진:
JULIAN UNGANO (P.14-15)
CHIABELLA JAMES (P.16)
TAMÁS PAPP (P. 57, 71, 72-73, 76-77, 86, 102 (SET),
188, 204, 212, 214, 230)
BGI SUPPLIES (P.140, 141)
MOBSCENE (P. 142, 150, 159, 164, 168, 169, 178-179, 192)

영화 <듄>의 콘셉트 그림은 드니 빌뇌브 감독, 프로덕션 디자이너
파트리스 베르메트, 영화 <1부>와 <2부>에서 작업한 재능 있는
예술가들의 협업으로 만들어졌다. 그들의 작업과 이 두 편의 영화에
보여준 헌신에 경의를 표한다.

케이멘 아네프	조지 헐
마르탱 베르트랑	애런 모리슨
에니괴 보그나르	에드 내티비대드
폴 샤데송	저질리 피로스카
키스 크리스텐슨	크리스 로즈원
야닉 뒤솔트	크리스 터비
디크 페랑	파트리스 베르메트
샘 후데키(콘셉트 그림)	콜리 워츠

타냐 라푸앵트

타냐 라푸앵트는 캐나다 호크스베리에서 태어나 다양한 삶을 살았다. 약 20년 동안 고전발레를 공부했으나, 오타와대학에서 저널리즘의 세계를 발견하고 15년 동안 텔레비전과 라디오 방송의 기자와 인터뷰어로 활약했다. 베를린, 칸, 선댄스, 텔러라이드, 베니스 등 국제영화제와 로스앤젤레스에서 열리는 아카데미 시상식을 취재한 경험 덕분에 그녀는 영화를 향한 평생의 열정에 한층 더 가까워졌다. 2016년부터는 파트너인 드니 빌뇌브 감독과 함께 〈컨택트〉〈블레이드 러너 2049〉〈듄: 1부〉〈듄: 2부〉 작업에 참여했다. 그녀가 이 영화들의 창작과정을 세세히 관찰해서 집필한 책은 각각 《블레이드 러너 2049의 예술과 영혼》《컨택트의 예술과 과학》, 그리고 8개 국어로 번역된 《듄: 메이킹 필름북》이다. 《듄Ⅱ: 메이킹 필름북》는 라푸앵트의 여섯 번째 저서다. 또한 그녀의 이름이 이 영화의 프로듀서 겸 제 2 촬영팀 감독으로 기재되어 있다. 현재 남편과 함께 영화 작업을 위해 필요한 곳을 돌아다니며 살고 있다.

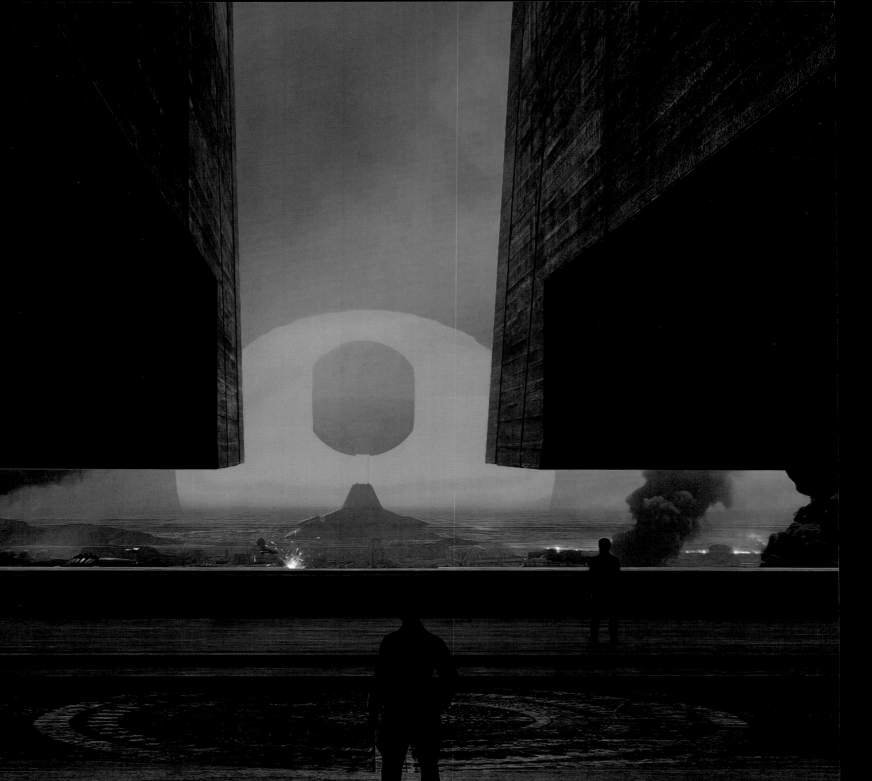

프랭크 허버트

프랭크 허버트(1920~1986)는 사이언스픽션 연대기에서 가장 사랑받는 작품인 《듄》을 창조했다. 그는 다양한 면모를 지니고 있었으며, 그의 복잡한 머릿속에는 헤아릴 수 없이 많은 길이 나있었다. 걸작인 《듄》에도 이 점이 반영되어서, 이 고전적인 작품은 장르를 막론하고 가장 복잡하고 다층적인 소설 중 하나로 우뚝 서있다. 오늘날 이 소설은 그 어느 때보다 인기가 높다. 이 작품을 새로이 알게 되는 독자들이 끊임없이 생겨나 친구에게 또 이 책을 권한다. 또한 지금까지 40개가 넘는 언어로 번역되어 전 세계에서 수천만 부나 팔려나갔다.

프랭크 허버트는 워싱턴주에서 유년시절을 보내며 무슨 일에든 호기심을 품었다. 보이스카우트 배낭에 책을 넣어 들고 다니며 항상 책을 읽은 그는 로버 보이즈 시리즈뿐만 아니라 H. G. 웰스, 쥘 베른, 에드가 라이스 버로우스의 사이언스픽션도 사랑했다. 여덟 살 생일에 프랭크는 집에서 아침식사를 하다가 식탁 위로 올라가 이렇게 선언했다. "난 작가가 되고 싶어." 그는 호기심과 독립적인 성격 때문에 어렸을 때뿐만 아니라 어른이 된 뒤에도 여러 번 곤경에 처했다. 대학을 졸업하지 못한 것도 전공필수 과목의 수강을 거부한 탓이다. 그는 오로지 흥미로운 과목만 공부하고 싶어 했다. 생계를 잇는 데에도 오랫동안 어려움을 겪어서 여러 직업, 여러 도시를 전전했다. 성격이 어찌나 독립적인지, 특정한 시장을 겨냥한 작품은 거부하고 자신이 쓰고 싶은 작품만 썼다. 그는 5년에 걸친 조사와 집필 끝에 《듄》을 완성했다. 그가 많은 노력과 희생을 치렀는데도 이 책은 스물세 곳의 출판사에서 거절당한 뒤에야 비로소 출판사를 찾을 수 있었다. 그가 받은 계약금은 고작 7,500달러였다.

그와 37년을 함께한 사랑하는 아내 베벌리가 백화점의 광고문구를 써주는 박봉의 광고 카피라이터로 일하면서 대체로 생계를 책임졌다. 프랭크 허버트는 첫 번째 아내 플로라 파킨슨과 이혼한 뒤, 1946년 워싱턴대학교 문예창작 수업에서 베벌리 스튜어트를 만났다. 그 수업에서 작품으로 돈을 벌어본 경험이 있는 학생은 그 둘뿐이었다. 프랭크는 싸구려 모험 단편 두 편을 각각 〈에스콰이어〉와 〈독 새비지〉에 팔아 고료를 받았고, 베벌리의 작품은 〈모던 로맨스〉에 실렸다. 두 사람이 쓴 작품의 장르에는 이 두 연인의 관심사가 반영되었다. 프랭크는 모험과 야외활동을 좋아하는 튼튼한 사람이고, 베벌리는 낭만적이고 여성적이며 말씨가 부드러웠다.

긴 결혼생활에서 두 사람은 아들 둘을 낳았다. 1947년생인 브라이언과 1951년생인 브루스. 프랭크에게는 첫 번째 아내와의 사이에서 1942년에 태어난 딸 페니도 있었다. 프랭크와 베벌리는 20년이 넘도록 힘들게 생계를 해결하면서 많은 어려움을 겪었다. 베벌리는 생활비를 충당하는 한편 남편이 자유로이 글을 쓸 수 있게 해주려고 작가의 길을 포기했다. 두 사람은 한 팀이었다. 프랭크는 자신이 쓰는 이야기의 모든 면을 아내와 의논했고, 베벌리는 남편의 작품을 편집했다. 브라이언은 《듄의 몽상가》에서 두 사람의 관계를 가리켜 비록 비극적이긴 해도 놀라운 사랑이야기였다고 날카롭게 지적했다. 베벌리가 세상을 떠난 뒤, 프랭크는 테리사 섀컬퍼드와 결혼했다.

프랭크 허버트는 모두 합해서 거의 30권에 이르는 인기 소설과 단편집을 집필했다. 여기에는 《듄》 시리즈의 여섯 작품, 즉 《듄》《듄의 메시아》《듄의 아이들》《듄의 신황제》《듄의 이단자들》《듄의 신전》도 포함된다. 이 여섯 작품 모두 국제적인 베스트셀러가 되었으며, 《백사병》《도사디 실험》 등 다른 사이언스픽션 중에도 국제적인 베스트셀러가 많다.

236~237쪽: 왈락 제 9행성 베네 게세리트 학교의 초기 콘셉트 그림.

238쪽: 제국 막사가 보이는 작전실 콘셉트 그림.

239쪽: 그레그 맨체스가 그린 프랭크 허버트 초상화.

240쪽: 모래걸음을 걷는 폴(티모테 샬라메)과 스틸가(하비에르 바르뎀).

프랭크 허버트의 완전한 일대기를 보려면, 브라이언 허버트의 《듄의 몽상가》 참조.

Find us on Facebook: www.facebook.com/InsightEditions
Follow us on X (f/k/a Twitter): @insighteditions
Follow us on Instagram: @insighteditions

LEGENDARY

옮긴이 **김승욱**

성균관대학교 영문학과를 졸업했다. 뉴욕시립대학교 대학원에서 여성학 과정을 수료하고
《동아일보》 문화부 기자로 근무했으며, 현재 전문 번역가로 활동하고 있다.
옮긴 책으로는 《스토너》, 《니클의 소년들》, 《분노의 포도》, 《동물농장》, 《1984》, 《나보코프 문학 강의》,
《스파이와 배신자》, 《히카르두 헤이스가 죽은 해》, 《대담한 작전》, 《듄》 등이 있다.

듄2: 메이킹 필름북

초판 1쇄 발행 2024년 3월 15일

지은이 | 타냐 라푸앵트
옮긴이 | 김승욱
발행인 | 강봉자, 김은경
펴낸곳 | (주)문학수첩
주소 | 경기도 파주시 회동길 503-1(문발동 633-4) 출판문화단지
전화 | 031-955-9088(마케팅부), 9530(편집부)
팩스 | 031-955-9066
등록 | 1991년 11월 27일 제16-482호

홈페이지 | www.moonhak.co.kr
블로그 | blog.naver.com/moonhak91
이메일 | moonhak@moonhak.co.kr

ISBN 979-11-92776-85-9 03680

*파본은 구매처에서 바꾸어 드립니다.

Insight Editions, in association with Roots of Peace, will plant two trees for each tree used in the manufacturing of this book. Roots of Peace is an internationally renowned humanitarian organization dedicated to eradicating land mines worldwide and converting war-torn lands into productive farms and wildlife habitats. Roots of Peace will plant two million fruit and nut trees in Afghanistan and provide farmers there with the skills and support necessary for sustainable land use.

Manufactured in China by Insight Editions